INGLÉS PARA NIÑOS

English for Children

Segunda Edición

William C. Harvey, MS

Illustrations: Dre Design
Denise Gilgannon

D1260112

All inquiries should be addressed to:
Barron's Educational Series, Inc.
250 Wireless Boulevard
Hauppauge, New York 11788
www.barronseduc.com

ISBN: 978-1-4380-0001-5

Library of Congress Control Number: 2011941328

Printed in the United States of America

9 8 7 6 5 4 3 2 1

10%
POST-CONSUMER
WASTE
Paper contains a minimum
of 10% post-consumer
waste (PCW). Paper used
in this book was derived
from certified, sustainable
forestlands.

CONTENIDO

SOBRE EL AUTOR

William Harvey es autor de muchos libros y ha enseñado tanto inglés como español por más de 20 años. Sus libros y sus clases son muy entretenidos porque permiten aprender idiomas con mucha facilidad. William Harvey escribió *Inglés para niños* porque quiso que todos los niños se dieran cuenta de que aprender inglés es fácil y divertido.

NOTA PARA LOS PADRES

Recuerde a sus jóvenes lectores que *Inglés para niños* ofrece dos importantes auxiliares para el aprendizaje, ubicados al final del libro:

Lista de vocabulario español-inglés
Tarjetas memorizadoras recortables

1 | CAPÍTULO
ONE [uán]

Let's Learn English
[lets lern énglich]
(Aprendamos inglés)

TU NUEVO AMIGO

Este es *Johnny Friend* [chóni fren],
tu nuevo amigo. *Johnny Friend* habla
INGLÉS y también español. Lo verás en
muchas páginas de este libro. Él te
enseñará muchos secretos del INGLÉS,
para que lo puedas aprender fácilmente—
¡y muy rápido!

¿DE QUÉ TRATA ESTE LIBRO?

El idioma que hablas todos los días se llama
español. Pero mucha gente en muchos países
del mundo no habla español sino otros
idiomas, como el francés, el chino . . . ¡o el
INGLÉS!

Este libro te enseñará a comprender y a
hablar el INGLÉS. Si tú aprendes un poquito
de INGLÉS cada día, ¡pronto hablarás dos
idiomas en vez de uno!

Este libro contiene además una LISTA DE
VOCABULARIO de palabras en INGLÉS y
ESPAÑOL. Cuando olvides alguna
palabra, búscala en la LISTA DE
VOCABULARIO al final del libro.

¡Muy bien! ¿Estás listo para aprender
más sobre el idioma inglés? Entonces,
comencemos con la parte más
importante . . .

LOS SUPERSONIDOS DEL INGLÉS

Hay muchas reglas y leyes para pronunciar el INGLÉS. En la escuela se demoran años en enseñarnos a decir las palabras correctamente ¡Pero tú no tienes por qué preocuparte! En este libro, al lado de cada palabra en INGLÉS encontrarás la pronunciación en español. Por ejemplo, tú no sabes cómo pronunciar *word*. Por eso, al lado de *word* tendrás *[uérd]*, que es la pronunciación correcta.

Words You Already Know
[uérds iú olrédi nóu]
(Palabras que ya conoces)

Hasta yo entiendo

¡Buenas noticias! Hay muchas palabras en INGLÉS que son muy parecidas en español. Eso sí, la pronunciación es un poco distinta, así que léela con cuidado *y pon atención a los acentos:*

Palabras muy fáciles

animal   *animal [ánimal]*
chocolate   *chocolate [chócolat]*
color   *color [cólor]*
correcto   *correct [corréct]*

banana   *banana [banána]*

dólar   *dollar [dólar]*

doctor **doctor** [dóctor]

eléctrico **electric** [eléctric]

elegante **elegant** [élegant]

fantástico **fantastic** [fantástic]

importante **important** [impórtant]

instrumento **instrument** [ínstrument]

lista **list** [list]

taxi **taxi** [táxi]

moderno **modern** [módern]

momento **moment** [móment]

noviembre **November** [novémber]

persona **person** [pérson]

Palabras casi fáciles

comercial   *commercial* [comérchel]

especial   *special* [spéchel]

final   *final* [fáinal]

horrible   *horrible* [jórribol]

conversación   *conversation* [converséichon]

hotel   *hotel* [jotél]

hospital   *hospital* [jóspital]

idea   *idea* [aidía]

música   *music* [miúsic]

televisión   *television* [télevichon]

iPod   *iPod* [áipod]

vacación   *vacation* [vaquéichon]

5

¿CUÁL ES TU NOMBRE EN INGLÉS?

¿Sabes que los nombres de niños y niñas en INGLÉS son distintos de los nombres en español? Lee esta lista de nombres en INGLÉS y practica la nueva pronunciación. Si tu nombre no está en la lista, no importa; la mayoría de la gente que habla en INGLÉS te llamará por tu verdadero nombre de todos modos.

The Names *[de néims]*
(Los nombres)

The Boys *[de bóis]*
(Los niños)

Andrés	*Andy [ándi]*
Antonio	*Tony [tóni]*
Carlos	*Charlie [chárli]*
Daniel	*Daniel [dániel]*
David	*David [déivid]*
Eduardo	*Eddie [édi]*
Enrique	*Henry [énri]*
Esteban	*Steven [stíven]*
Federico	*Fred [fred]*
Francisco	*Frank [franc]*
Geraldo	*Jerry [lléri]*
Guillermo	*Billy [bíli]*
Jorge	*George [llorch]*
Jaime	*Jimmy [llími]*
José	*Joey [llóui]*
Juan	*John [llon]*
Marcos	*Mark [marc]*
Mateo	*Matthew [mátiu]*
Miguel	*Mike [máic]*
Nicolás	*Nick [nic]*
Pablo	*Paul [pol]*

Francisco
Frank [franc]

Pedro *Peter [píter]*

Ricardo	Richard [ríchar]
Roberto	Bobby [bóbi]
Samuel	Samuel [sámiuel]
Tomás	Tom [tom]
Víctor	Victor [víctor]

The Girls [de guérls]
(Las niñas)

Alicia	Alice [ális]
Ana	Anne [an]
Beatriz	Betty [béti]
Carolina	Carol [cárol]
Catalina	Cathy [cáti]
Cristina	Christy [crísti]
Esperanza	Hope [jóup]
Gloria	Gloria [glória]
Eva	Eve [iv]
Graciela	Grace [gréis]
Juana	Jane [lléin]
Julia	Julie [yúli]
Laura	Laura [lóra]
Lina	Lynn [lin]
Luz	Lucy [lúci]
Margarita	Margaret [márgaret]
María	Mary [méri]
Sara	Sarah [sára]
Susana	Susan [súsan]
Valeria	Valerie [váleri]

Ellen!

Elena Ellen [élen]

Rose!

Rosa Rose [róus]

¿Quieres saber cómo se llama la <u>otra</u> persona? Pregunta:

¿Cómo te llamas?	What is your name? [uát is iór néim]
Me llamo . . .	My name is . . . [mái néim is]

¡Pero no basta con leer la pronunciación! ¡Hay que recordarla! ¿Te acuerdas cómo se pronuncian éstas?

idea   elegant
music   iPod
final   commercial

RESPUESTAS: [aidía] [fáinal] [élegant] [miúsic] [áipod] [comérchel]

English Words [ínglech uérds]
(Palabras inglesas)

¡Extraño pero cierto! Hay muchas palabras inglesas que se usan en español. Por ejemplo:

fax
golf
hamburger
jet
rap

hot dog

sandwich

soda

A ver, subraya con un lápiz todas las palabras que entiendas:

Tom ate a sandwich, a banana and a chocolate, and drank a soda. Then he listened to modern rap music on iTunes or the internet, then he played some fantastic golf. Tom is on vacation. In the elegant hotel, he had a conversation with a doctor.

RESPUESTA: <u>Tom</u> ate a <u>sandwich</u>, a <u>banana</u> and a <u>chocolate</u>, and drank a <u>soda</u>. Then he listened to <u>modern rap music</u> on <u>iTunes</u> or the <u>internet</u>, then he played some <u>fantastic golf</u>. <u>Tom</u> is on <u>vacation</u>. In the <u>elegant hotel</u>, he had a <u>conversation</u> with a <u>doctor</u>.

Important English Words
[impórtant ínglech uérds]
(Palabras inglesas importantes)

Impresiona a tus amigos

Lee esta lista de palabras en INGLÉS. Con ellas, ¡pronto podrás hacer frases completas!

ENGLISH	ESPAÑOL
nothing *[názin]*	nada
good-bye *[gud bái]*	adiós
yes *[yes]*	sí
no *[nóu]*	no
water *[uáter]*	agua
friend *[fren]*	amigo
money *[máni]*	dinero
a lot *[a lat]*	mucho
house *[jáus]*	casa
thank you *[zenk iú]*	gracias
party *[párti]*	fiesta
good *[gud]*	bueno
small *[smol]*	chico
big *[big]*	grande
hi *[jái]*	hola

Tú has visto estas palabras antes. ¿Puedes completarlas?

im __ or __ a __ t   con __ __ rs __ __ ion
el __ __ t __ ic   No __ e __ be __
__ am __ __ rge __   ins __ __ um __ n __

RESPUESTAS:
important [impórtant]   electric [eléctric]
conversation [convérseichon]   November [novémber]
instrument [ínstrument]   hamburger [jámberguer]

¿Y crees que puedes conectar las palabras opuestas?

yes   good-bye
big   no
hi   a lot
nothing   small

RESPUESTAS: yes [iés]—no [nóu]
big [big]—small [smol]
hi [jái]—good-bye [gud bái]
nothing [názin]—a lot [a lot]

¡CONVERSA EN *ENGLISH*!

Desde ahora puedes hablar un nuevo idioma con tu familia y tus amigos. Mira estas palabras y apréndetelas:

Hi!
¡Hola! *[jái]*

Excuse me.
Con permiso. *[ecsquiús mi]*

Please.
Por favor. *[plis]*

Thanks a lot.

Muchas gracias.
[zencs a lat]

You are welcome.

De nada. *[iú ar uélcam]*

How are you?

¿Cómo estás?
[jáo ar iú]

Fine, thanks.
And you?

Bien, gracias.
[fáin zencs]

¿Y tú? *[an iú]*

What's going on?

¿Qué pasa?
[uáts góin on]

Not much.

Sin novedad.
[nat mach]

Good-bye!

¡Adiós!
[gud bái]

See you later!

¡Hasta luego!
[si iú léiter]

¿Te has fijado que en INGLÉS no hay signos de interrogación (¿) ni signos de exclamación (¡) al comienzo de las frases?

How are you? *[jáo ar iú]*   **OK!** *[oquéi]*

Do You Understand?
[du iú anderstán]
(¿Entiendes tú?)

Aprender un idioma nuevo es divertido, especialmente cuando practicas con alguien que no habla el español.

El problema es que hay personas que hablan el INGLÉS muy rápido o dicen palabras que tú no entiendes, de modo que todo se hace muy confuso.

Aquí tienes algunas cosas que puedes decir en INGLÉS para que todos se entiendan.

Lo siento mucho.

I am very sorry.
[ái am véri sóri]

Habla más despacio, por favor.

Please speak more slowly.
[plis spic mor slóuli]

Estoy aprendiendo inglés.

I am learning English.
[ái am lérnin ínglech]

Hablo un poco.

I speak a little.
[ái spic a lítel]

¿Hablas inglés?
[du iú spic ínglech]

¿Entiendes?
[du iú anderstán]

¿Sabes?
[du iú nóu]

No entiendo.
[ái dont anderstán]

No sé.
[ái dont nóu]

No recuerdo.
[ái dont rimémber]

Para aprender otras cosas que puedes decir,
mira la Lista de Vocabulario al final de este libro.

Y no olvides estas frases:

Buenos días.   *Good morning. [gud mórnin]*

Buenas tardes.   *Good afternoon. [gud afternún]*

Buenas noches.   *Good night. [gud náit]*

13

Ahora, practiquemos:

Pon palabras en INGLÉS dentro de estos globos y haz conversar a la gente.

Estudia estas expresiones. ¿Puedes memorizarlas?

¡Creo que sí!	*I think so!* [ái zinc so]
¡Está bien!	*That's okay!* [dats oquéi]
¡Más o menos!	*Sort of!* [sort of]
¡Ojalá!	*I hope so!* [ái jóup so]
¡Por supuesto!	*Of course!* [of cors]
¡Quizás!	*Maybe!* [méi bi]
¡Yo también!	*Me, too!* [mi tu]
¡Yo tampoco!	*Me, neither!* [me níder]
¿Verdad?	*Really?* [ríli]

Ahora, conecta las frases que deben ir juntas. Cuando termines, lee todo en voz alta.

See you later.	*My name is John.*
Thanks a lot.	*Fine.*
How are you?	*Not much.*
What's going on?	*Good-bye.*
Do you speak English?	*Yes, a little.*
What is your name?	*You are welcome.*

Estas palabras son muy conocidas. Encuéntralas en el BUSCAPALABRAS que sigue:

BIG	*NAME*	*YES*	*MONEY*
COLOR	*PLEASE*	*MUSIC*	*SPECIAL*
FRIEND	*SPEAK*	*THANKS*	*MORNING*

Las palabras pueden estar escritas de derecha a izquierda, de izquierda a derecha, de arriba hacia abajo o en diagonal. ¡Es muy difícil!

```
S B Q A W D S E T T K P D Z B W B M A U
N Q X H P V M G V Z P M V F I M L F N P
F W Y L N Q S W E E W L S X G V Y G I K
S T W A F H Z L Q S D W U E E E R Z A S
F G W J R Z B G B L G J X R N A Z R W
X Q U N I H Y E Y L G W M O G B L S P C
V C I T E S P E A K T E M O T T H C O T
E Z N K N A I D X S R V V G R N G A N P
J V Y Z D R G R H J G N M T L N F Y L C
E E B C G L V C Q L Q O V P L R I E Z I
S X K C Z I G S Z X X T D U L C A N R S
X E V B K A D N S P E C I A L S A I G U
R H A Q L E Y M E O R E X D E N V G L M
P O G S W W Y H P U G H U V P I A B G X
V H L K Z D W I O R Y O V G E E I M A O
F T F O Q E M M V X V H B N A O T A E C
V V Q F C E E R B W I R W B G U E P O E
S K N A H T E K Y Y I U R H Y G P S I K
```

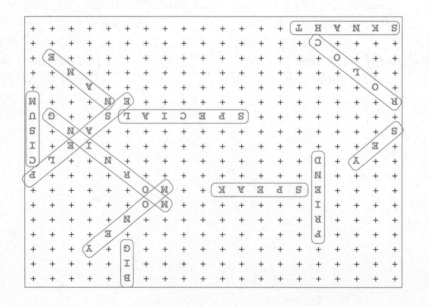

¿Las pusiste todas bien? *Good! [gud].* Pero si tuviste dificultades, vuelve a leer este capítulo de nuevo.

Cuando estés listo, avanza al Capítulo *Two*. ¡Ya es tiempo de aprender más INGLÉS para niños!

2 | CAPÍTULO
TWO [tu]

In My Room [in mái rum]
(En mi cuarto)

The Bedroom [de bédrum]
(El dormitorio)

¡Es hora de levantarte y de hablar en INGLÉS! Cuando te despiertas por la mañana, ¿qué es lo que ves?

la almohada   *the pillow* [de pílou]
la sábana   *the sheet* [de chíit]
la cubrecama   *the bedspread* [de bédspred]
la pijama   *the pajamas* [de pallámas]
la ropa   *the clothes* [de clóus]

la cama   *the bed* [de bed]

el animal de peluche
the stuffed animal [de stáft ánimal]

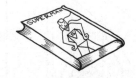

la frazada   *the blanket* [de blánquet]

el libro   *the book* [de buc]

el juguete   *the toy* [de tói]

la silla   *the chair* [de cher]

¿Te has fijado que para "el" y "la" en INGLÉS se usa *the* [deɹ]? ¡Eso no es nada! *The* también se usa para "los" y "las". ¿Ves qué fácil?

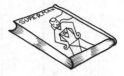

EL libro **THE book** [de buc]

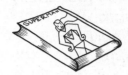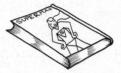

LOS libros **THE books** [de bucs]

LA silla **THE chair** [de cher]

LAS sillas **THE chairs** [de chers]

¡Es *the* todo el tiempo! Por eso, ni siquiera vamos a poner "el", "la", "los" ni "las" en nuestras listas de vocabulario, pues todo lo que necesitas saber es *the* [de].

Descansemos un momento. Trata de hacer tu cama en INGLÉS. Pon en orden las palabras siguientes y practica con cada una de ellas.

t e e h s   _____

d d b e e a s p r   _____

b d e   _____

l a t k e b n   _____

l l w o p i   _____

Bien. Ahora señala estas cosas en el dormitorio:

librero   **bookshelf** [búkchelf]
lámpara   **lamp** [lamp]
piso   **floor** [flóar]
pared   **wall** [uól]
techo   **ceiling** [sílin]

ropero **closet** [clóset]

mesa **table** [téibol]

ventana **window** [uíndou]

tocador **dresser** [dréser]

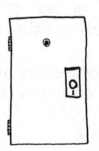

puerta **door** [dóar]

reloj **clock** [clac]

Ahora, léelas de nuevo varias veces hasta que queden grabadas en tu memoria. Para ver si las has memorizado, trata de hacer este crucigrama, en INGLÉS:

1. FRAZADA
2. PISO
3. TOCADOR
4. RELOJ
5. PARED
6. CUBRECAMA
7. LIBRERO
8. SÁBANA
9. SILLA
10. ROPA
11. JUGUETE

The Numbers *[de námbers]*
(Los números)

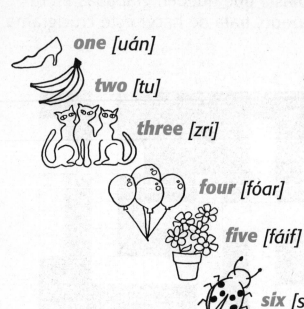

one *[uán]*

two *[tu]*

three *[zri]*

four *[fóar]*

five *[fáif]*

six *[sics]*

seven *[séven]*

eight *[éit]*

nine *[náin]*

ten *[ten]*

Aprende los números en INGLÉS, y podrás contar todo lo que desees en dos idiomas. Comencemos con los números 1 a 10:

Escribe los números que faltan, en INGLÉS:

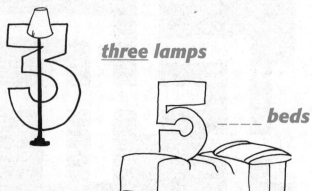

three lamps

_ _ _ _ _ **beds**

_ _ _ _ _ _ **chairs**

24

Ahora continuaremos con los *numbers* [námbers]:

11   *eleven* [iléven]
12   *twelve* [tuélf]
13   *thirteen* [zértin]
14   *fourteen* [fórtin]
15   *fifteen* [fíftin]
16   *sixteen* [sícstin]
17   *seventeen* [séventin]
18   *eighteen* [éitin]
19   *nineteen* [náintin]
20   *twenty* [tuénti]

Ahora que ya conoces tantos números, practica con ésta pregunta:

¿Cuántos años tienes?   Tengo . . .
How old are you? [jáo old ar iú]   *I am* . . . [ái am]

Escribe tu edad (en INGLÉS) aquí: _____

Estos números están todos mezclados. Ponlos en orden y asegúrate de leer cada uno en voz alta:

ten one twenty eighteen twelve three

eight fifteen seventeen four nine

sixteen two five fourteen seven

eleven nineteen six thirteen

________ ________ ________ ________ ________

________ ________ ________ ________ ________

________ ________ ________ ________ ________

________ ________ ________ ________ ________

RESPUESTAS:

one two three four five
six seven eight nine ten eleven
twelve thirteen fourteen fifteen
sixteen seventeen eighteen
nineteen twenty

Toys [tóis]
(Juguetes)

¿Tienes muchos juguetes en tu dormitorio? ¡Pues nómbralos en **ENGLISH**!

juego   *game* [guéim]

rompecabezas   *puzzle* [pásel]

cometa   *kite* [cáit]

bloques   *blocks* [blocs]

robot   *robot* [róbot]

bate   *bat* [bat]

pelota   *ball* [bol]

guante   *glove* [glav]

tambor   *drum* [dram]

avión   *airplane* [éirplein]

patines   *skates* [squéits]

escúter *scooter* [scúter]

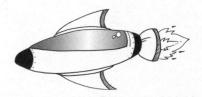

nave espacial
spaceship [spéischip]

soldado *soldier* [sólchier]

muñeca *doll* [dal]

camión *truck* [trac]

carro *car* [car]

tren *train* [tréin]

guitarra *guitar* [guitár]

patineta *skateboard* [squéitbord]

bicicleta *bicycle* [báisecol]

Y éstos no son muy distintos en el nuevo idioma:

computadora *computer* [campiúter]

videojuego *video game* [vídio gueim]

estéreo *stereo* [stéreo]

Busca estos juguetes en el BUSCAPALABRAS que sigue:

STEREO	*SKATEBOARD*	*BICYCLE*
BALL	*GLOVE*	*DRUM*
GAME	*ROBOT*	*BAT*
SOLDIER	*TRAIN*	*KITE*

Pronuncia cada palabra en voz alta cuando la encuentres.

```
W  E  Z  A  L  I  S  K  I  T  E
O  T  E  C  O  W  K  Y  M  G  H
A  R  I  O  D  G  A  M  E  R  I
N  A  B  E  F  S  T  E  R  E  O
B  I  C  Y  C  L  E  S  U  G  L
A  N  I  O  R  O  B  O  T  L  U
T  B  A  L  L  O  T  Z  G  O  P
U  S  L  E  Y  T  A  O  A  V  A
S  O  L  D  I  E  R  A  F  E  X
I  L  A  I  R  I  D  R  U  M  V
```

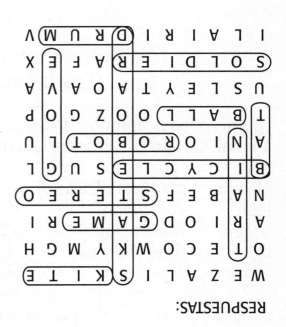

RESPUESTAS:

29

Contemos ahora unos pocos juguetes. ¿Cuántos ves tú? ¡Escribe en INGLÉS y lee en voz alta!

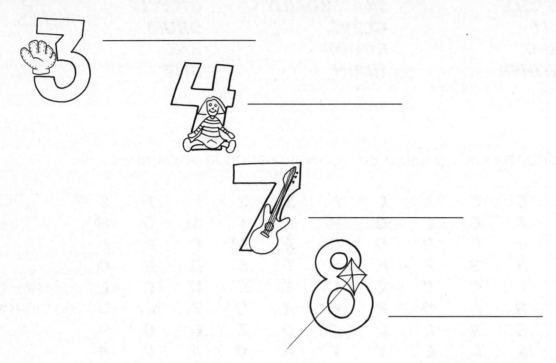

3 _____

4 _____

7 _____

8 _____

The Stuffed Animals [de staft ánimals]
(Los animales de peluche)

¿Cómo puedes aprender INGLÉS sin conocer los nombres de tus animales favoritos? Pronuncia lentamente:

jirafa *giraffe* [chiráf]

elefante *elephant* [élefant]
león *lion* [láion]
conejo *rabbit* [rábit]
tigre *tiger* [táiguer]

perrito *puppy* [pápi]

osito *teddy bear* [tédi béar]

dinosaurio *dinosaur* [dáinosor]

La importantísima frase It's [its]

It's [its] significa "es". Piensa cuántas frases puedes hacer en INGLÉS con **It's** . . .

Es el tigre.	**It's the <u>tiger</u>.**
Es el conejo.	**It's the** _____.
Es el elefante.	**It's the** _____.
Es el león.	**It's the** _____.
Es el osito.	**It's the** _____.

¿Dijiste My [mái] o Your [iór]?

My [mái] es "mi" y **your** [iór] es "tu". Practica en INGLÉS:

Es <u>mi</u> elefante.	**It's <u>my</u> elephant.** [its mái élefant]
Es <u>tu</u> jirafa.	**It's <u>your</u> giraffe.** [its iór chiráf]

Es <u>mi</u> tigre.	**It's <u>my</u> tiger.** [its mái táiguer]
Es <u>tu</u> león.	**It's <u>your</u> lion.** [its iór láion]

Lee estas palabras INGLESAS en voz alta y luego escribe su significado:

my elephant   <u>mi elefante</u>

fourteen puppies   _____

the tigers   _____

your giraffe   _____

sixteen teddy bears   _____

Tell Me! *[tel mi]* (¡Dime!)

Pide—en INGLÉS—a tus amigos y familiares que hagan algo y verás que pronto comenzarán a aprender el idioma. Comienza en el dormitorio. Llama a tu mamá o tu papá y dile, en INGLÉS, qué es lo que debe hacer. Si al comienzo no te entienden, explícales en español y luego vuelve a hablarles en INGLÉS:

Toca . . .   *Touch . . . [tach]*   *. . . the bed [de bed]*
                                        . . . the table [de téibol]

Señala . . .   *Point to . . . [póint tu]*   *. . . the book [de buc]*
                                        . . . the door [de dóar]

Mira . . .   *Look at . . . [luc at]*   *. . . the toy [de tói]*

¡Obedece estas órdenes!

Touch the book. [tach de buc]
Look at the door. [luc at de dóar]
Point to the bed. [póint tu de bed]

¿Tocaste el libro, miraste la puerta y señalaste la cama? ¡Muy bien! *Very good! [véri gud]*. Ahora lee la frase siguiente y escribe su significado en español:

Touch the three toys. [tach de zri tóis] _____.

Ahora, haz lo mismo con estas otras frases, pero esta vez, ¡léelas primero al revés!

.sllab xis eht ot tnioP
Point to the six balls.   Señala las seis pelotas.

.snoil enin eht ta kooL.

_____   _____ .

.spmal owt eht hcuoT.

_____   _____ .

The Colors *[de cólors]* (Los colores)

Aprendamos algunos colores en INGLÉS. Cuando pronuncies un color, busca un objeto en el cuarto que sea de ese mismo color.

azul	*blue* [blu]
negro	*black* [blac]
amarillo	*yellow* [iélou]
café	*brown* [bráun]
morado	*purple* [pérpol]

rojo *red* [red]

blanco *white* [uáit]

verde *green* [grin]

anaranjado *orange* [óranch]

rosado *pink* [pinc]

Usa esta pregunta para practicar colores en INGLÉS:

¿De qué color es?
What color is it?
[uát cólor is it]

What color is it?
The rabbit is _____ .

What color is it?
The bear is _____ .

34

Las palabras en INGLÉS se colocan distinto que las en español. Para decir de qué color es un objeto, debes poner el color antes del objeto.

Pinta estos dibujos mientras lees:

La pelota roja   The red ball [de red bol]
El camión azul   The blue truck [de blu trac]
El perro café   The brown dog [de bráun dog]

Fíjate qué fácil es el INGLÉS: en español, si hablas de varias cosas, los colores deben cambiar. Por ejemplo, "el carro verde" y "los carros verdes". Y así pasa cuando hablamos de cualquier cosa: "un niño malo—tres niños malos", "una flor bonita—tres flores bonitas". Pero en INGLÉS no tienes que preocuparte. Mira:

La pelota roja—Las pelotas rojas
The red ball—The red balls
El camión azul—Los camiones azules
The blue truck—The blue trucks
El perro café—Los perros cafés
The brown dog—The brown dogs

Ahora, une las palabras en INGLÉS con las palabras en español que significan lo mismo:

yellow [iélou]   café
purple [pérpol]   rosado
red [red]   blanco
brown [bráun]   azul
black [blac]   anaranjado
blue [blu]   amarillo
green [grin]   negro
white [uáit]   verde
orange [óranch]   rojo
pink [pinc]   morado

RESPUESTAS:
yellow   amarillo
purple   morado
red   rojo
brown   café
black   negro
blue   azul
green   verde
white   blanco
orange   anaranjado
pink   rosado

35

My Clothes [mái clóuz]
(Mi ropa)

Antes de dejar el dormitorio, ¡ponte la ropa en INGLÉS! Repite estas palabras todos los días cuando te vistas.

Me pongo . . .   *I put on my . . .* [ái put on mái]
Me quito . . .   *I take off my . . .* [ái téic av mái]

camiseta	*t-shirt* [tí-chert]
camisa	*shirt* [chert]
pantalones cortos	*shorts* [chorts]
vestido	*dress* [dres]
suéter	*sweater* [suéter]
zapatos	*shoes* [chus]

pantalones *pants* [pants]

falda *skirt* [squert]

calcetines *socks* [socs]

cinturón *belt* [belt]

gorra *cap* [cap]

chaqueta *jacket* [lláquet]

¿Y qué es lo que te pones cuando hace mal tiempo?

botas	*boots* [buts]
abrigo	*overcoat* [óvercout]
impermeable	*raincoat* [réincout]

¿Qué es *A* y *AN*?

Tanto *a* como *an* significan "un", "uno" o "una".
Debes usar *a* cuando la palabra en INGLÉS
siguiente es una consonante:

A shoe

Un zapato	*A shoe* [a chu]
Una gorra	*A cap* [a cap]
Un cinturón	*A belt* [a belt]

Debes usar *an* cuando la palabra en INGLÉS
siguiente es una vocal:

AN animal

Una idea	*An idea* [an aidía]
Un animal	*An animal* [an ánimal]
Un instrumento	*An instrument* [an ínstrument]

Lee estas frases INGLESAS en voz alta y tradúcelas al español:

It's a jacket. [its a lláquet] _____ .
I put on a sweater. [ái put on a suéter] _____ .
It's a white shirt. [its a uáit chert] _____ .

RESPUESTAS:
Es una chaqueta.
Me pongo un suéter.
Es una camisa blanca.

¡Ponlas juntas!

Muy, pero muy importante: la pequeña palabra
and [an] significa "y", mientras que la más
pequeñita palabra *or* [or] significa "o". Con ellas,
podrás juntar muchas palabras.

Me pongo una camisa blanca y un suéter negro.
I put on a white shirt __and__ a black sweater.
[ái put on a uáit chert an a blac suéter]

37

Me quito la chaqueta o la gorra.
*I take off the jacket **or** the cap.* [ái téic av de lláquet or de cap]

¡Mira cuánto INGLÉS ya sabes! ¿Crees que puedes hacer este CRUCIGRAMA en INGLÉS? (Tradúcelas primero).

1. gorras
2. cinturón
3. abrigo
4. pantalones cortos
5. vestido
6. suéter
7. camisa
8. botas
9. impermeable
10. calcetines

RESPUESTAS:

Practica lo que has aprendido. Une con líneas las frases en INGLÉS con las frases correspondientes en español y luego léelas en voz alta.

How old are you?	Mira los zapatos rojos.
I put on my clothes.	¿Cómo te llamas?
What color is it?	Señala tu juguete.
Look at the red shoes.	¿Cuántos años tienes?
What is happening?	¿Entiendes?
Point to your toy.	Toca las dos sillas.
Do you understand?	Es café y azul.
It is brown and blue.	¿Qué pasa?
Touch the two chairs.	Me pongo mi ropa.
What is your name?	¿De qué color es?

¿Leíste todo en voz alta? ¡Muy bien! *Very good!* [véri gud]

¡No te vayas todavía! Necesitas aprender más prendas de vestir:

las sandalias
sandals [sándals]

los mitones
mittens
[mítens]

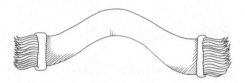

los tenis *sneakers*
[sníquers]

la ropa de baño
bathing suit
[béizin sut]

la blusa *blouse* [bláus]

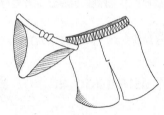

la bufanda *scarf* [scarf]

la ropa interior
underwear
[ánderuer]

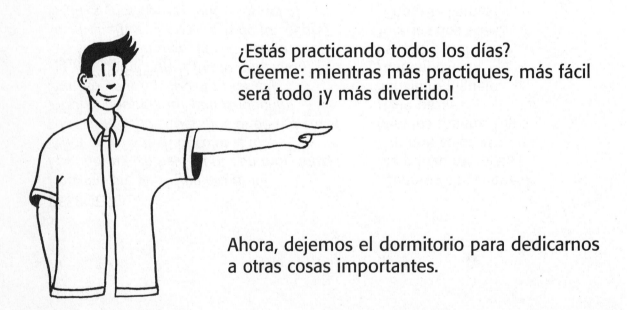

¿Estás practicando todos los días?
Créeme: mientras más practiques, más fácil
será todo ¡y más divertido!

Ahora, dejemos el dormitorio para dedicarnos
a otras cosas importantes.

40

3 | CAPÍTULO
THREE [zri]

In My Home [in mái jóum]
(En mi casa)

James, the father
[lléims de fáder]

Mary, the mother
[méri de máder]

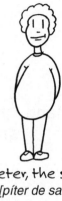

Peter, the son
[píter de san]

Cathy, the daughter
[cáti de dóter]

Helen, the grandmother
[jélen de granmáder]

Robert, the grandfather
[róbert de granfáder]

41

The Family [de fámili]
(La familia)

¿Quién es la primera persona que ves por la mañana?
Di **Good morning** [gud mórnin] a estas personas todos los días:

madre **mother** [máder]
esposa **wife** [uáif]

padre **father** [fáder]
esposo **husband** [jásban]

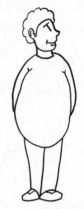

James, the father
[lléims de fáder]

hermano **brother** [bráder]
hijo **son** [san]

Mary, the mother
[méri de máder]

Peter, the son
[píter de san]

hermana **sister** [síster]
hija **daughter** [dáter]

Cathy, the daughter
[cáti de dóter]

abuela
grandmother [granmáder]

abuelo
grandfather [granfáder]

Robert, the grandfather
[róbert de granfáder]

Helen, the grandmother
[jélen de granmáder]

42

¿Quieres aprender más?

tío	*uncle* [ánquel]
tía	*aunt* [ant]
primo	*cousin* [cásin]

Hablar de la familia es muy fácil:

Linda es mi hermana.	*Linda is my sister.* [línda is mái síster]
Víctor es mi padre.	*Víctor is my father.* [víctor is mái fáder]

Escribe ahora—en INGLÉS—los nombres de tus familiares:

_____ *is my mother.*

_____ *is my* _____ .

_____ .

_____ .

_____ .

Ah, ¿y sabes cómo decir "Señor" y "Señora"? En INGLÉS son *Mister* [míster] y *Missis* [mísis]. Nota también que estas palabras casi siempre se abrevian a *Mr.* y *Mrs.* al escribirse.

El señor Gonzáles	*Mr. Gonzales* [míster gonsáles]
La señora Gonzáles	*Mrs. Gonzales* [míssis gonsáles]

43

Pide a alguien en tu *family* que practique INGLÉS contigo.
Tú lees el Número 1 y la otra persona lee el Número 2:

#1: *Hi,* (y nombre de la persona).
   [jái . . .]
#2: *Good morning,* (y tu nombre).
   [gud mórnin . . .]
#1: *How are you? [jáo ar iú]*
#2: *OK, and you? [oquéi an iú]*
#1: *Fine, thanks. [fáin zencs]*

Una manera de aprender estas palabras es mirar las fotos de tu familia
y seguir estas instrucciones:

	mother *[máder]*
Point to your . . . *[póint tu iór]*	*brother* *[bráder]*
Look at your . . . *[luc at iór]*	*father* *[fáder]*
Touch your . . . *[tach iór]*	*grandfather* *[granfáder]*
	sister *[síster]*

Para decir "su" en INGLÉS, debes usar *his [jis]* si te refieres a un niño
o un hombre, y *her [jer]* si se trata de una niña o una mujer.

Linda is her sister. [linda is jer síster]   Linda es <u>su</u> hermana.
Victor is his father. [víctor is jis fáder]   Víctor es <u>su</u> padre.

Who? [ju]
(¿Quién?)

Mira a la familia en la página 42 y contesta las preguntas que siguen:

Who is the father? [ju is de fáder] _____

Who is the mother? [ju is de máder] _____

Who is the son? [ju is de san] _____

RESPUESTAS: *James* [lléims], *Mary* [méri], *Peter* [píter]

Very good! [véri gud]. Responde ahora estas preguntas sobre <u>tu</u> familia:

What is the name of your father?
[uát is de néim of iór fáder] _____

Who is your mother? [ju is iór máder] _____

How is your family? [jáo is iór fámili] _____

Subraya cada segunda letra para descifrar el mensaje secreto. Hemos hecho el subrayado inicial para que veas cómo se hace.

a <u>m</u> o y s f t a b m u i r l m y n i l s o v d e a r l y g s n p q e s c v i ñ a o l .

RESPUESTA: *My family is very special.* [mái fámili is véri spéchal]

Who Are You? *[ju ar iú]*
(¿Quién eres tú?)

¿Quién está leyendo este libro? ¿Eres un niño? Entonces eres un *boy* *[bói]*. ¿Eres una niña? Ah, entonces eres una *girl* *[guerl]*. Si el lector es un hombre, él es un *man* *[man]*, y si es una mujer, una *woman* *[uóman]*. A ver, mira de nuevo a la familia en la página 42 y completa las oraciones siguientes:

Helen is a _____ .   Robert is a _____ .

Cathy is a _____ .   Peter is a _____ .

James is a man.

Mary is a woman.

RESPUESTAS:

Helen is a woman. *[jélen is a uóman]*
Cathy is a girl. *[cáti is a guérl]*
Robert is a man. *[róbert is a man]*
Peter is a boy. *[píter is a bói]*

How Pretty! [jáo príti]
(¡Qué bonita!)

Cathy, the daughter
[cáti de dóter]

¿Cómo lucen los miembros de tu familia?
Descríbelos mientras caminas por tu casa:

He is . . . or She Is . . . [ji is or chi is]
(Él es . . . o Ella es . . .)

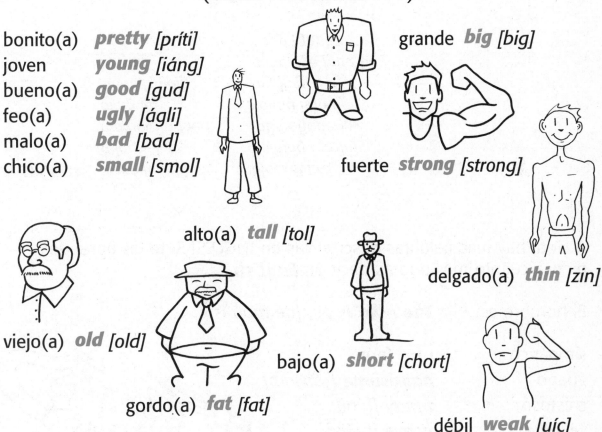

bonito(a) *pretty* [príti]
joven *young* [iáng]
bueno(a) *good* [gud]
feo(a) *ugly* [ágli]
malo(a) *bad* [bad]
chico(a) *small* [smol]

grande *big* [big]

fuerte *strong* [strong]

alto(a) *tall* [tol]

delgado(a) *thin* [zin]

viejo(a) *old* [old]

bajo(a) *short* [chort]

gordo(a) *fat* [fat]

débil *weak* [uíc]

Hemos añadido "(a)" a algunas palabras para decirte que tanto la forma masculina como la femenina del español son iguales en INGLÉS. Por ejemplo, tanto "buen**o**" como "buen**a**" son *good*. Di ahora, ¿cómo se traduce al INGLÉS la siguiente frase?

My father is short and fat, and my mother is tall, thin, and pretty.
[mái fáder is chort an fat, an mái máder is tol, zin an príti]

RESPUESTA: Mi padre es bajo y gordo, y mi madre es alta, delgada y bonita.

47

Ahora, conecta las palabras opuestas:

white	*big*
a lot	*good*
mother	*black*
old	*good-bye*
small	*young*
hi	*father*
bad	*nothing*

¡Y aquí hay más palabras descriptivas en INGLÉS! Si te las aprendes, piensa cuánto más podrás decir en *English . . .*

El hombre es . . .   *The man is . . .* [de man is]

simpático	*nice* [náis]
guapo	*handsome* [jánsom]
chistoso	*funny* [fáni]
valiente	*brave* [bréiv]
inteligente	*smart* [smart]

Pon distintos nombres para completar las frases siguientes. Piensa en gente famosa, amigos ¡o personas que viven en tu casa!

_____ *is very pretty!* [is véri príti]

_____ *is very brave!* [is véri bréiv]

_____ *is very funny!* [is véri fáni]

_____ *is very handsome!* [is véri jánsom]

_____ *is very smart!* [is véri smart]

_____ *is very strong!* [is véri strong]

Añade la palabra "qué" y "cómo", es decir, *How . . . !* [jáo] si deseas mostrar sorpresa. Traduce al español mientras pronuncias el INGLÉS:

How pretty! [jáo príti]   *How ugly!* [jáo ágli]

¡Qué <u>bonita</u>!   ¡Qué _____ !

How funny! [jáo fáni]   *How brave!* [jáo bréiv]

¡Qué _____ !   ¡Qué _____ !

RESPUESTAS: ¡Qué feo! ¡Qué chistoso! ¡Qué valiente!

49

He and She [ji an chi]
(Él y ella)

Aprendamos a decir "él" y "ella" en INGLÉS.
Lee todas estas frases en voz alta:

Juan es mi hermano.   *John is my brother.*
                             [llon is mái bráder]

Él es chico.   *He is small.*
                             [ji is smol]

Él es muy joven.   *He is very young.*
                             [ji is véri iáng]

María es mi hermana.   *Mary is my sister.*
                             [méri is mái síster]

Ella es chistosa.   *She is funny.*
                             [chi is fáni]

Ella es muy inteligente.   *She is very smart.*
                             [chi is véri smart]

Escribe *He* o *She* en vez de los nombres. El primer ejercicio ya está hecho:

Where is <u>Mr. Smith</u>?   *He*

<u>My sister</u> is nice.   _____

<u>Alice</u> is a pretty girl.   _____

<u>David</u> is a strong man.   _____

How is <u>Gloria</u>?   _____

RESPUESTAS: She, She, He, She

More than One [mor dan uán]
(Más de uno)

Si deseas describir más de una persona o cosa en INGLÉS, usa la palabra *are* [ar] que significa "son". Las palabras *They are* [déi ar] significan "ellos son" o "ellas son".

La casa <u>es</u> alta.
The house <u>is</u> tall.
[de jáus is tol]

Las casas <u>son</u> alta<u>s</u>.
The houses <u>are</u> tall.
[de jáuses ar tol]

Él <u>es</u> grande.
He <u>is</u> big.
[ji is big]

Ellos <u>son</u> grandes.
They <u>are</u> big.
[déi ar big]

¿Puedes entender lo que significan estas frases?
¡Pronuncia y traduce a la derecha!

My friends are strong. *[mái frens ar strong]*   _____ .

Your brothers are small. *[iór bráders ar smol]*   _____ .

The girls are smart. *[de guerls ar smart]*   _____ .

RESPUESTAS: *Mis amigos son fuertes.*
Tus hermanos son chicos.
Las niñas son inteligentes.

Esta vez, cambia una persona a varias personas:

My sister is pretty.
[mái síster is príti]

My sisters are pretty.
[mái sísters ar príti]

My brother is good. *[mái bráder is gud]*   _____.

My friend is nice. *[mái fren is náis]*   _____.

Cuando describas, no olvides que la palabra que describe debe ir antes: en INGLÉS debes decir "la roja pelota", "el buen libro" y "la simpática niña". Tampoco olvides agregar *s* cuando hables de muchas personas o cosas.

El zapato <u>grande</u>. **The <u>big</u> shoe.** *[de big chu]*
Los zapatos <u>grandes</u>. **The big <u>shoes.</u>** *[de big chus]*

You and I *[iú an ái]*
(Tú y yo)

Aprendamos a decir "tú eres" y "yo soy" en INGLÉS:

You are *[iú ar]* (Tú eres)

I am *[ái am]* (Yo soy)

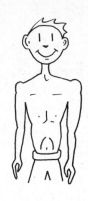

Usa la palabra *who* [ju] ("quién") para practicar.
Todas estas palabras ya las hemos aprendido antes.

Who is thin? [ju is zin]   <u>You are</u> [iú ar]
¿Quién es delgado?   Tú eres

Who is fat? [ju is fat]   <u>I am</u> [ái am]
¿Quién es gordo?   Yo soy

Ahora, contesta:

Who is very, very smart? [ju is véri, véri smart]
¿Quién es muy, muy inteligente?

_____

Une la palabra INGLESA con su significado:

He	Ella
You	Yo
I	Él
She	Tú

Welcome to My House [uélcam tu mái jáus]
(Bienvenido a mi casa)

Después de hablar en INGLÉS con tu familia, camina alrededor de la casa y nombra todo lo que ves:

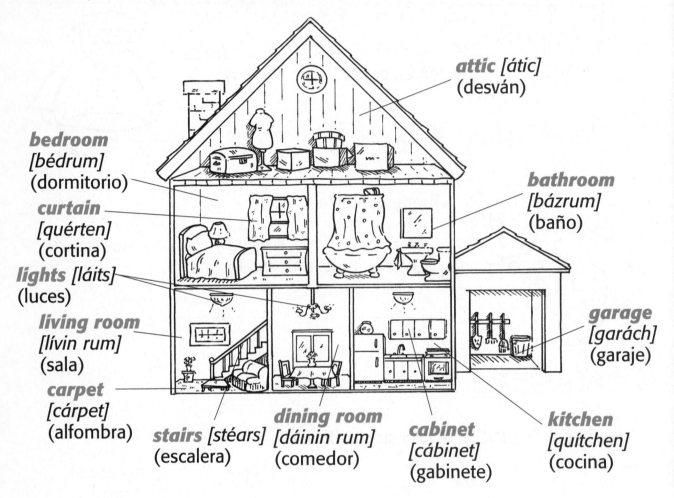

attic [átic]
(desván)

bedroom
[bédrum]
(dormitorio)

curtain
[quérten]
(cortina)

bathroom
[bázrum]
(baño)

lights [láits]
(luces)

living room
[lívin rum]
(sala)

garage
[garách]
(garaje)

carpet
[cárpet]
(alfombra)

stairs [stéars]
(escalera)

dining room
[dáinin rum]
(comedor)

cabinet
[cábinet]
(gabinete)

kitchen
[quítchen]
(cocina)

¡Obedece esta nueva orden!

Vamos a . . .	*Let's go to the . . .* [lets góu tu de]
Vamos a la sala.	*Let's go to the living room.* [lets góu tu de lívin rum]
Vamos a la cocina.	*Let's go to the* _____ .
Vamos a la escalera.	*Let's* _____ .

54

Tacha la palabra que no pertenece al grupo:

window, curtain, ship

grandmother, garage, brother

toy, kitchen, dining room

lamp, skirt, ceiling lights

book, floor, ceiling

Where Is It? *[uér is it]*
(¿Dónde está?)

Usa también la palabra *is [is]* para decir dónde <u>está</u> alguien o algo.

El libro <u>está</u> en la mesa.
The book <u>is</u> on the table.
[de buc is on de téibol]

Mi padre <u>está</u> en su cuarto.
My father <u>is</u> in his room.
[mái fáder is in jis rum]

55

In and On *[in an on]*
(¡En!)

Fíjate que en INGLÉS, si algo está <u>sobre</u> algo, se usa **on**, y si algo está <u>dentro</u> de algo, se usa **in**. Veamos: usa las palabras "está" y "en" en los ejercicios siguientes.

Tony <u>está en</u> el comedor.

Tony is in the dining room.
[tóni is in de dáinin rum]

Mi hermana <u>está en</u> el garaje.

_____ .

El baño <u>está en</u> la casa.

_____ .

La muñeca <u>está en</u> el piso.

_____ .

Tu camisa <u>está en</u> la silla.

_____ .

RESPUESTAS: *My sister is in the garage.* *[mái síster is in de garách]*
The bathroom is in the house. *[de bázrum is in de jáus]*
The doll is on the floor. *[de dal is on de flor]*
Your shirt is on the chair. *[íor chert is on de chéar]*

Usa **they are** *[déi ar]* ("ellos o ellas son o están") cuando menciones más de una persona o cosa:

¿Dónde <u>están ellos</u>?
Where <u>are they</u>? *[uéar ar déi]*

<u>Ellos están</u> en el baño.
***They are** in the bathroom.*
[déi ar in de bázrum]

¿Quiénes <u>son ellas</u>?
Who <u>are they</u>? *[ju ar déi]*

<u>Ellas son</u> americanas.
***They are** American.* *[déi ar américan]*

¿Has visto el orden de las palabras?
Éste cambia cuando creas una pregunta:

Where are they?

They are in the bathroom.

More Things in the House [mor zings in de jáus]
(Más cosas en la casa)

Camina de un cuarto a otro mientras aprendes los nombres en INGLÉS de todas las cosas. Escribe esos nombres en papelitos engomados y pégalos sobre los muebles, así, cuando te olvides de algo, el papelito te lo recordará.

sofá   *couch* [cáuch]
refrigerador   *refrigerator* [refricheréitor]
secadora   *dryer* [dráier]
bote de basura *trash can* [trách can]

escritorio *desk* [desc]

sillón *armchair* [ármchear]

estufa *stove* [stóuv]

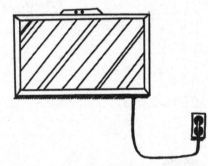

televisor *TV set* [tiví set]

lavadora *washer* [uácher]

58

Mira el dibujo en la página 54, ¡y responde en INGLÉS!

Where is the curtain? ______________________

Where is the armchair? ______________________

Where are the cabinets? ______________________

Where are the lights? ______________________

RESPUESTAS:
The curtain is in the bedroom.
The armchair is in the living room.
The cabinets are in the kitchen.
The lights are in the living room, the dining room, and in the kitchen.

Conecta las palabras en español con las mismas palabras en INGLÉS:

El sillón es bonito.	***The washer is white.***
¿Dónde están las sillas?	***Where is the stove?***
¿Dónde está la estufa?	***Your couch is in the house.***
La lavadora es blanca.	***My desk is brown.***
Mi escritorio es café.	***The armchair is pretty.***
Tu sofá está en la casa.	***Where are the chairs?***

RESPUESTAS:

El sillón es bonito.	*The armchair is pretty.* *[de armchéar is príti]*
¿Dónde están las sillas?	*Where are the chairs?* *[uéar ar de chéars]*
¿Dónde está la estufa?	*Where is the stove?* *[uéar is de stóuv]*
La lavadora es blanca.	*The washer is white.* *[de uácher is uáit]*
Mi escritorio es café.	*My desk is brown.* *[mái desc is bráun]*
Tu sofá está en la casa.	*Your couch is in the house.* *[iór cáuch is in de jáus]*

Ahora descodifica estas letras y escribe su significado en español.

	INGLÉS	ESPAÑOL
hreaws	_____	_____
sTeVt	_____	_____
votes	_____	_____

Here and There [jir an der]
(Aquí y allá)

Ya hemos visto que "en" puede ser *on* cuando se trata de decir "sobre" o *in* cuando queremos decir "dentro". Veamos ahora otras palabras que indican dónde se encuentra algo.

arriba   *up* [ap]
adentro   *inside* [insáid]
enfrente   *in front* [in front]
afuera   *outside* [autsáid]

detrás *behind* [bijáin]

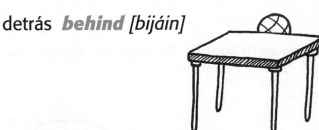

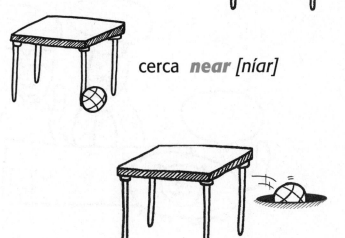

cerca *near* [níar]

bajo *under* [ánder]

abajo *down* [dáun]

encima *above* [abóuv]

lejos *far* [far]

Termina las siguientes frases con cualquiera de las palabras que acabas de ver.

Está _____ .   *It is* [it is] _____ .

Están _____ .   *They are* [déi ar] _____ .

Mira este dibujo. Escribe las siguientes palabras dentro de los globos.

behind   **inside**   **in front**   **outside**

¿Dónde están? ¿*Up* o *down*? [ap or dáun]

floor [flóar]   _____

ceiling [sílin]   _____

rug [rag]   _____

Describe It [descráib it]
(Descríbelo)

Usa estas palabras para describir las cosas en tu *house* [jáus]:

lleno(a)   **full** [ful]
caro(a)   **expensive** [ecspénsif]
barato(a)   **cheap** [chip]
vacío(a)   **empty** [émpti]

limpio(a) **clean** [clin]

nuevo(a) **new** [niú]

caliente **hot** [jot]

viejo(a) **old** [old]

sucio(a) **dirty** [dérti]

frío(a) **cold** [cold]

¡Lee todas las palabras en voz alta!

Veamos si puedes traducir al INGLÉS:

El sillón es nuevo.   _____ .

Las cortinas están limpias.   _____ .

La estufa está caliente.   _____ .

RESPUESTAS: *The armchair is new.* [de armchéar is niú]
The curtains are clean. [de quértens ar clin]
The stove is hot. [de stóuv is jot]

Very good. *[véri gud].* Termina ahora estas frases:

Está sucio.　　　　　*It is* _____ .

Está lleno.　　　　　*It is* _____ .

Está frío.　　　　　　*It is* _____ .

O or A?—Nothing!
[o or a názin]
(¿O o A?—¡Nada!)

¡Buenas noticias! Cuando describimos algo en español, la descripción debe ajustarse a la palabra principal. Por ejemplo, "la sill<u>a</u> es negr<u>a</u>" o "el zapat<u>o</u> es negr<u>o</u>". Tú no puedes decir "la silla es negro" ni "el zapato es negra", ¿verdad? ¡Pero en INGLÉS eso no importa! En INGLÉS tú dices *The chair is black* y *The shoe is black* ¡y eso es todo!

Veamos si entiendes. Haz estos ejercicios:

El refrigerador es chico. _____ .

La estufa es chica.　　 _____ .

El abuelo es viejo.　　 _____ .

La abuela es vieja.　　 _____ .

Une ahora las palabras opuestas:

behind	*there*
up	*far*
cold	*in front*
inside	*hot*
he	*down*
near	*cheap*
expensive	*outside*
here	*she*

No! and Not! [nóu an nat]
(¡No! y ¡No!)

En INGLÉS, la palabra "no" es *no* [nóu]. Pero si quieres usar "no" dentro de una frase, debes decir *not* [nat]. Mira:

Está limpio.	***It is clean.*** *[it is clin]*
No está limpio.	***It is not clean.*** *[it is nat clin]*
No. No está limpio.	***No. It is not clean.*** *[nóu it is nat clin]*
Son viejos.	***They are old.*** *[déi ar old]*
No son viejos.	***They are not old.*** *[déi ar nat old]*
No. No son viejos.	***No. They are not old.*** *[nóu déi ar nat old]*

A ver, trata tú solo. Escribe sobre las líneas:

Mi libro está aquí.	***My book is here.*** *[mái buc is jir]*
No, mi libro no está aquí.	_____ .

Continúa hablando en INGLÉS en tu casa. ¿Puedes decirnos qué significan estas frases? Primero lee sin mirar la pronunciación; segundo, lee la pronunciación para ver si pronunciaste correctamente; tercero, traduce al español.

My family is in the house. The house is white, blue, and big. The garage is in front of the house. The family is not in the garage. My father and my mother are in the kitchen. They are near the stove and the refrigerator. My two brothers are in the living room. They are very funny. They are in front of the television. How is your family and where is your house?

[mái fámili is in de jáus. De jáus is uáit, blu, an big. De garách is in front of de jáus. De fámili is nat in de garách. Mái fáder an mái máder ar in de quítchen. Déi ar níar de stóuv an de refricheréitor. Mái tu bráders ar in de lívin rum. Déi ar véri fáni. Déi ar in front of de televíchen. Jáo is iór fámili an uéar is iór jaus]

RESPUESTA: Mi familia está en la casa. La casa es blanca, azul, y grande. El garaje está enfrente de la casa. La familia no está en el garaje. Mi padre y mi madre están en la cocina. Ellos están cerca de la estufa y el refrigerador. Mis dos hermanos están en la sala. Ellos son muy chistosos. Ellos están enfrente del televisor. ¿Cómo es tu familia y dónde está tu casa?

Estas tres preguntas son excelentes para hablar de tu *house*.
¡Adelante! Responde en español y *English*:

¿Dónde vives?   Vivo en _____ .

Where do you live?   *I live in* [ái liv in] _____ .
[uéar du iú liv]

¿Cuál es tu dirección?   Mi dirección es _____ .

What is your address?   *My address is* _____
[uát is iór ádres]   [mái ádres is]

_____

_____ .

¿Cuál es tu número de teléfono?   Mi número es _____ .

What is your phone number?   *My number is* _____ .
[uát is iór fóun námber]   [mái námber is]

Aquí tienes más palabras que puedes usar todos los días:

el sótano	*basement* [béismen]
el pasillo	*hallway* [jóluey]
la chimenea	*chimney* [chímni]
el fogón	*fireplace* [fáerpleis]
el porche	*porch* [porch]
el tejado	*roof* [ruf]
el patio	*yard* [iárd]
la mesita de noche	*nightstand* [náistan]
el baúl	*chest* [chest]

We! [uí]
(Nosotros o nosotras)

Practica la palabra "nosotros" con estos ejercicios:

Nosotros estamos en Nueva York.
We are in New York. [uí ar in niú iórc]

¿Estamos nosotros en Nueva York?
Are we in New York? [ar uí in niú iórc]

No, nosotros no estamos en Nueva York.
No, we are not in New York. [nóu, uí ar nat in niú iórc]

Nosotros somos limpios.

_____ .

¿Somos limpios nosotros?

_____ .

No, nosotros no somos limpios.

_____ .

Nosotras estamos detrás.

_____ .

¿Estamos detrás nosotras?

_____ .

No, nosotras no estamos detrás.

_____ .

¡Pero falta mucho para terminar! Vamos a otra parte de la casa para aprender más INGLÉS para niños . . .

4 CAPÍTULO
FOUR [fóar]

To the Kitchen [tu de quítchen]

(A la cocina)

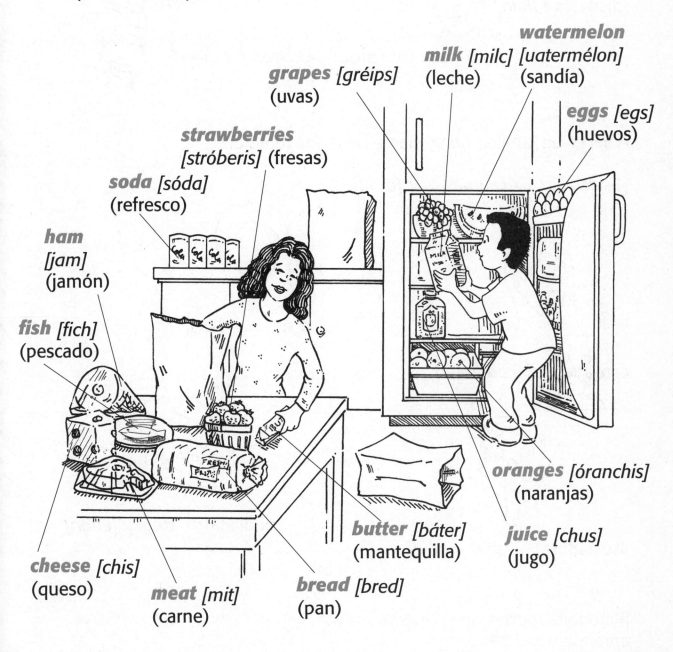

grapes [gréips]
(uvas)

milk [milc]
(leche)

watermelon [uatermélon]
(sandía)

eggs [egs]
(huevos)

strawberries [stróberis] (fresas)

soda [sóda]
(refresco)

ham [jam]
(jamón)

fish [fich]
(pescado)

oranges [óranchis]
(naranjas)

butter [báter]
(mantequilla)

juice [chus]
(jugo)

cheese [chis]
(queso)

meat [mit]
(carne)

bread [bred]
(pan)

How Are You? *[jáo ar iú]*
(¿Cómo estás tú?)

Caminando por la casa, cuéntanos cómo te sientes:

Yo estoy . . . *I am . . . [ái am]*

feliz *happy [jápi]*

bien *fine [fáin]*

emocionado(a) *excited [ecsáited]*

A veces un familiar no se siente bien. Pregúntale:

¿Estás . . . ? *Are you . . . ? [ar iú]*

triste *sad [sad]*

cansada(o) *tired [táier]*

enojada(o) *angry [éngri]*

asustado(a) *afraid [afréid]*

To Be! [tu bi]
(¡Ser o Estar!)

Hasta aquí hemos visto muchas palabras muy importantes. Ahora hay que ponerlas juntas para comprender mejor este nuevo idioma:

ENGLISH ESPAÑOL
I am [ái am] **Yo soy** o **Yo estoy**

I am José.   *I am María.*   *He is José and she is María.*
I am happy.   *I am happy.*   *They are happy.*

You are [iú ar]   **Tú eres** o **Tú estás** o **Ustedes son** o **Ustedes están**
He is [ji is]   **Él es** o **Él está**
She is [chi is]   **Ella es** o **Ella está**
We are [uí ar]   **Nosotros(as) somos** o **Nosotros(as) estamos**
They are [déi ar] **Ellos(as) son** y **Ellos(as) están**

¿Comprendes? ¡Es más fácil en inglés! En español debemos saber la diferencia entre "ser" y "estar", pero en inglés se usa un solo verbo: *To be!* Mira qué fácil:

Yo soy feliz.   *I __am__ happy.*
Yo estoy bien.   *I __am__ fine.*
Ella es limpia.   *She __is__ clean.*
Ella está enojada. *She __is__ angry.*

Pide ahora que alguien lea contigo.
Tú eres #1 y él o ella es #2.

#1 *How are you?*
#2 *I am very happy. My friends
    are in my house. And you?*
#1 *I am very sad. My friends
    are not well.*
#2 *Where are your friends?*
#1 *They are not here. They are
    in bed!*

#1 *[Jáo ar iú]*
#2 *[Ái am véri jápi. Mái frens ar in mái jáus. An iú]*
#1 *[Ái am véri sad. Mái frens ar nat uél]*
#2 *[Uér ar iór frens]*
#1 *[Déi ar nat jir. Déi ar in bed]*

¿Entiendes lo que has leído?

Une con líneas el dibujo con la palabra:

tired   *angry*   *happy*

I Am Very Hungry [ái am véri jángri]
(Tengo mucha hambre)

¿Te da hambre hablar INGLÉS? Anda a la cocina y busca algo para comer.

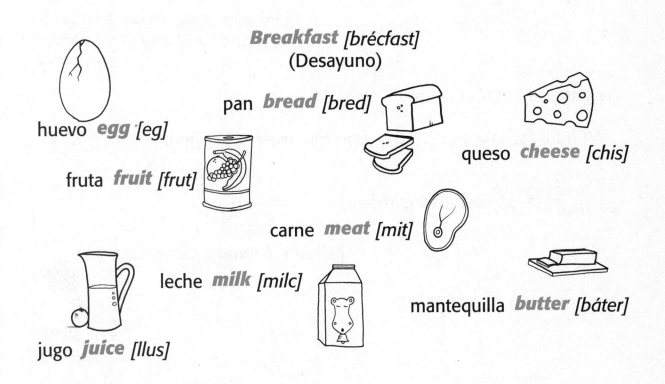

Breakfast [brécfast]
(Desayuno)

huevo **egg** [eg]

pan **bread** [bred]

fruta **fruit** [frut]

queso **cheese** [chis]

carne **meat** [mit]

leche **milk** [milc]

mantequilla **butter** [báter]

jugo **juice** [llus]

Usa estas nuevas palabras todos los días. Escribe cualquier palabra apropiada en las líneas a la izquierda y luego tradúcelas al INGLÉS en las líneas a la derecha.

¿Te gusta _____?   *Do you like* _____?

Sí, me gusta _____.   *Yes, I like* _____.

¿Quieres _____?   *Do you want* _____?

Sí, quiero _____.   *Yes, I want* _____.

Practiquemos lo que aprendimos al desayuno. Escribe las letras que faltan:

ch __ __ s __   __ __ u __ t   b __ tt __ __
m __ a __   b __ e __ __   __ __ lk

¿Te gusta la fruta? ¿Cuál prefieres?

Mi fruta favorita es . . .   *My favorite fruit is . . .* [mái féivorit frut is]

fresa *strawberry* [stráberi]

plátano *banana* [banána]

manzana *apple* [ápel]

naranja *orange* [óranch]

uva *grape* [gréip]

sandía *watermelon* [uatermélon]

¡Asegúrate de colorear estos dibujos!

¿Cuál es más grande? Subraya tu respuesta.

orange or grape
apple or watermelon
banana or strawberry

74

This and That [dis an dat]
(Esto y eso)

¡Examínate! Toca algo y di:

¿Qué es <u>esto</u>?   **What is <u>this</u>?** [uát is dis]

Luego, señala otra cosa y pregunta:

¿Qué es <u>eso</u>?   **What is <u>that</u>?** [uát is dat]

¡Señala la fruta y practica con esta
pregunta ahora mismo!

Vegetables [véchetebols]
(Vegetales)

Abre el refrigerador y saca todos los vegetales que encuentres.
Pon uno tras otro en tu mano y pronuncia sus nombres en INGLÉS:

papa **potato** [potéito]

cebolla **onion** [óñion]

tomate **tomato** [toméito]

lechuga **lettuce** [létas]

maíz **corn** [corn]

zanahoria **carrot** [quérot]

apio **celery** [séleri]

frijoles **beans** [bins]

Ya tienes un montón de palabras que recordar. Veamos. Une las frases
que significan lo mismo.

The celery is thin.	Me gusta la sandía.
The juice is cold.	Mira el pan blanco.
I want my breakfast.	Las uvas son buenas.
I like the watermelon.	La papa es grande.
The butter is there.	Las naranjas están aquí.
Look at the white bread.	Los huevos son chicos.
The oranges are here.	El jugo está frío.
The grapes are good.	La mantequilla está allí.
The eggs are small.	El apio es delgado.
The potato is big.	Yo quiero mi desayuno.

RESPUESTAS:

The celery is thin. [de séleri is zin]
The juice is cold. [de llús is cold]
I want my breakfast. [ái uánt mái brécfast]
I like the watermelon. [ái láic de uatermélon]
The butter is there. [de báter is der]
Look at the white bread. [luc at de uáit bred]
The oranges are here. [de óranches ar jír]
The grapes are good. [de gréips ar gud]
The eggs are small. [de egs ar smol]
The potato is big. [de potéito is big]

El apio es delgado.
El jugo está frío.
Yo quiero mi desayuno.
Me gusta la sandía.
La mantequilla está allí.
Mira el pan blanco.
Las naranjas están aquí.
Las uvas son buenas.
Los huevos son chicos.
La papa es grande.

Esta vez, conecta cada alimento con su color:

strawberry	*orange*
lettuce	*white*
banana	*red*
carrot	*yellow*
milk	*green*

RESPUESTAS:

strawberry [stróberi]   red [red]
lettuce [létas]   green [grin]
banana [banána]   yellow [iélou]
carrot [quérot]   orange [óranch]
milk [milc]   white [uáit]

No irás lejos si no sabes cómo preguntar "¿Cuánto?" y "¿Cuántos?"

¿Cuántos?   *How many?* [jáo méni]

How many bananas?
[jáo méni banánas]

¿Dos o tres?   *Two or three?* [tu or zri]
Yo quiero tres.   *I want three.* [ái uánt zri]

¿Cuánto?   *How much?* [jáo mach]
¿Cuánta leche? *How much milk?* [jáo mach milc]

¿Poca o mucha? *A little or a lot?* [a lítel or a lat]
¡Mucha!   *A lot!* [a lat]

More Food [mor fud]
(Más comida)

Usa estas nuevas órdenes en la cocina. Después, basta con añadir tu comida favorita:

Come . . .
Eat . . . [it]

Toma . . .
Take . . .
[téic]

Trae . . .
Bring . . .
[brin]

Lunch [lanch]
(Almuerzo)

hamburguesa *hamburger* [jámberguer]
sopa *soup* [sup]
ensalada *salad* [sálad]

sandwich *sandwich* [sánduich]

perro caliente
hot dog [jat dog]

papas fritas
french fries
[french fráis]

Dinner [díner]
(Cena)

pollo *chicken* [chíquen]
jamón *ham* [jam]

bistec *steak* [stéic]

pavo
turkey [térqui]

pescado *fish* [fich]

Tacha la palabra que no acompaña a las otras:

milk, juice, stove

floor, turkey, chicken

lettuce, tomato, toy

wife, breakfast, lunch

socks, apple, shirt

take, eat, you

stove [stouv], floor [flóar], toy [tói], wife [uáif], apple [ápel], you [iu]
RESPUESTAS:

Escoge la mejor palabra para completar la frase:

salad   butter   orange

bread and _____

_____ *juice*

soup and _____

salad [sálad]
orange [oranch]
butter [báter]
RESPUESTAS:

78

Look! Hay más comida en la cocina:

el arroz	*rice* [ráis]
los fideos	*noodles* [núdels]
las judías verdes	*green beans* [grin bins]
las arvejitas	*peas* [pis]
la calabaza	*pumpkin* [pámquin]
el limón	*lemon* [lémon]
la pera	*pear* [per]

Practica estas frases con un amigo hoy mismo:

How tasty! [jáo téisti] (¡Qué sabroso!)

Are you hungry? [ar iú jángri] (¿Tienes hambre?)

Yes, I am very hungry. [iés ái am véri jángri]
(Sí, tengo mucha hambre)

I Am Thirsty! [ái am zérsti]
(¡Tengo sed!)

Pregunta a tu familia:
Are you thirsty? [ar iú zérsti] (¿Tienen sed?)

Y luego ofréceles:

¿Te gusta el o la . . . ?	*Do you like the . . . ?* [du iú láic de]
¿Quieres el o la . . . ?	*Do you want the . . . ?* [du iú uánt de]

bebida	*drink* [drinc]
limonada	*lemonade* [lémoneid]
batido	*milkshake* [mílkcheic]
chocolate caliente	*hot chocolate* [jat chócolat]

té *tea [ti]*   refresco *soda [sóda]*

¿Cuál te gusta más? Pon un círculo alrededor de tu respuesta.

water or milkshake

milk or soda

hot chocolate or tea

Escribe tres palabras en INGLÉS bajo cada categoría.

Vegetables	*Fruits*	*Drinks*
_____	_____	_____
_____	_____	_____
_____	_____	_____

Encuentra estas palabras en el BUSCAPALABRAS más abajo:

MEAT BREAD MILK EGG APPLE GRAPE STRAWBERRY
TOMATO TURKEY SOUP CELERY SODA

```
W   C   O   L   B   J   H   M   B   T   N
A   L   A   P   P   L   E   I   R   U   T
R   M   O   T   D   C   E   L   E   R   Y
Z   E   S   O   U   P   G   K   A   K   X
E   A   V   M   G   H   E   Q   D   E   S
S   T   R   A   W   B   E   R   R   Y   O
I   R   A   T   K   A   G   I   E   W   D
T   R   C   O   U   G   R   A   P   E   A
```

RESPUESTAS:

81

Aquí hay otro diálogo para que practiques:

#1 **Are you hungry?**
#2 **Yes, I am very hungry. Let's
go to the kitchen.**
#1 **Very well. Do you like fruit?**
#2 **Yes, I want the grapes, please.**
#1 **How many do you want?**
#2 **A lot!**

#1 *[Ar iú jángri]*
#2 *[Iés, ái am véri jángri. Lets góu tu de quítchen.]*
#1 *[Véri uél. Du iú láic frut]*
#2 *[Iés, ái uánt de gréips, plis]*
#1 *[Jáo méni du iú uánt]*
#2 *[A lat]*

More Numbers *[mor námbers]*
(Más números)

Debes aprender más números, pero practiquemos primero. Cuenta de uno a veinte en INGLÉS lo más rápido que puedas:

1, 2, 3, 4, 5, 6, 7, 8, 9, 10, 11, 12, 13, 14, 15, 16, 17, 18, 19, 20

¡Fantastic! *[fantástic].* Ahora, para decir 21, junta 20 con 1 y añade un guión:

twenty-one *[tuénti uán]*

¿Puedes terminar esta lista por tu cuenta?

22 _____   24 _____

23 _____   25 _____

RESPUESTAS: *twenty-two* [tuénti tu], *twenty-three* [tuénti zri], *twenty-four* [tuénti foar], *twenty-five* [tuénti fáif]

Aquí hay otros números que debes saber:

30	*thirty* [zérti]	40	*forty* [fórti]
50	*fifty* [fífti]	60	*sixty* [sícsti]
70	*seventy* [séventi]	80	*eighty* [éiti]
90	*ninety* [náinti]	100	*one hundred* [uán jándred]

¿Y qué pasa con los números entremedio?

31 *thirty-one* [zérti uán]   55 *fifty-five* [fífti fáif]

72 _____   99 _____

RESPUESTAS:
seventy-two [séventi tu]
ninety-nine [náinti náin]

Practica tus números en INGLÉS todos los días:

1. Entérate de las edades de todos los miembros de tu familia.

2. Cuenta todos los juguetes, libros o zapatos en tu casa.

3. Lee cada número de página de este libro en *English*.

What Time Is It? [uát táim is it]
(¿Qué hora es?)

Después de comer, mira el reloj de la cocina. Decir la hora en INGLÉS no es difícil. Cuando es la hora en punto, se dice la hora y se añade *o'clock* [oclác].

Son las tres en punto.
It is three o'clock.
[it is zri oclác]

Son las ocho en punto.
It is eight o'clock.
[it is éit oclác]

Cuando es la hora y algunos minutos, la frase se ordena igual que en español, excepto que no se dice "y":

Son las tres (y) diez.
It is three ten. [it is zri ten]

Son las ocho (y) cuarenta y cinco.
It is eight forty-five. [it is éit fórti fáif]

Conecta ahora cada reloj con la hora correcta:

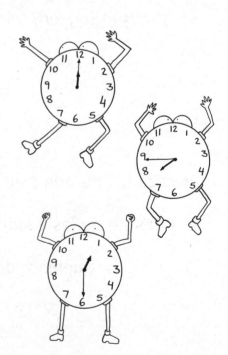

It is four fifteen.

It is one o'clock.

It is twelve o'clock.

It is seven forty-five.

It is one thirty.

Así es como se dice "a las" cuando se habla del reloj:

A las dos
At two [at tu]

A las nueve (y) veinte
At nine twenty [at náin tuénti]

A las cinco (y) cinco
At five five
[at fáif fáif]

Responde estas preguntas en *English:*

¿Cuándo vas a la cama?   *At* _____ .

¿Cuándo vas a la escuela?   *At* _____ .

¿Cuándo te despiertas?   *At* _____ .

What Day Is Today? [uát déi is tudéi]
(¿Qué día es hoy?)

Después de decir la hora en INGLÉS, debes decir el día de la semana.
Usa el calendario de la cocina:

Hoy es . . .   *Today is . . .* [tudéi is]

1	2	3	4	5	6	7
Monday	Tuesday	Wednesday	Thursday	Friday	Saturday	Sunday
[mándei]	[tiúsdei]	[uénsdei]	[zérsdei]	[fráidei]	[sáterdei]	[sándei]

85

Estas palabras están escritas al revés. Escríbelas correctamente y ponlas en orden.

y a d s r u h T   *y a d n o M*   *y a d n u S*   *y a d s e u T*

_____   _____   _____   _____

y a d i r F   *y a d s e n d e W*   *y a d r u t a S*

_____   _____   _____

1. _____

2. _____

3. _____

4. _____

5. _____

6. _____

7. _____

What Is the Date? [uát is de déit]
(¿Cuál es la fecha?)

Apréndete los meses del año . . . ¡y podrás decir fechas completas en tu nuevo idioma!

enero *January* [chánueri]
febrero *February* [fébrueri]
marzo *March* [march]

julio *July* [chulái]
agosto *August* [ógost]
septiembre
September [septémber]

abril *April* [éipril]
mayo *May* [méi]
junio *June* [chun]

octubre
October [actóber]
noviembre
November [novémber]
diciembre
December [disémber]

¿Te fijaste que en INGLÉS los días de la semana y los meses del año comienzan con mayúscula? ¡Así es!

¡Y ten cuidado! En INGLÉS, cuando menciones fechas, el número va en segundo lugar:

El 5 de octubre   *October five* [actóber fáif]
El 21 de mayo   *May twenty-one* [méi tuénti uán]
El 12 de diciembre   *December twelve* [disémber tuélf]

Estas palabras también se usan con el calendario. Mira la diferencia:

primero   *first* [ferz]
el primero de abril   *April first* [éipril ferz]

segundo   *second* [sécond]
el dos de abril   *April second* [éipril sécond]

tercero   *third* [zerd]
el tres de abril   *April third* [éipril zerd]

cuarto   *fourth* [forz]
el cuatro de abril   *April fourth* [éipril forz]

quinto   *fifth* [fifz]
el cinco de abril   *April fifth* [éipril fifz]

Apréndete estas palabras:

semana *week* [uíc]   mes *month* [manz]   año *year* [íer]

Dilo en INGLÉS:

Quince de junio _____

Treinta de septiembre _____

Veintidós de marzo _____

RESPUESTAS:
June fifteen [chun fíftin]
September thirty [septémber zérti]
March twenty-two [march tuénti tu]

88

Traduce y luego responde a la pregunta:

How many days are in a week? *[jáo méni déis ar in a uíc]*

____

How many months are in a year? *[jáo méni mans ar in a íer]*

____

RESPUESTAS:
¿Cuántos días en una semana? *Seven*
¿Cuántos meses en un año? *Twelve*

Mira el reloj y el calendario ahora mismo:

What time is it? *[uát táim is it]* ______________________________

What day is today? *[uát déi is tudéi]* ______________________________

What is the date? *[uát is de déit]* ______________________________

When? [uén]
(¿Cuándo?)

Elige cualquiera de estas palabras para hablar del tiempo:

hoy	*today* [tudéi]
mañana	*tomorrow* [tumórou]
ayer	*yesterday* [iésterdei]

nunca	*never* [néver]
a veces	*sometimes* [sámtaims]
siempre	*always* [ólueis]

Muchas palabras en INGLÉS pueden aprenderse en pares opuestos:

antes	*before* [bifór]	después	*after* [áfter]
temprano	*early* [érli]	tarde	*late* [léit]

¿Listo para practicar? Une los términos opuestos:

before	*always*
never	*early*
yesterday	*after*
late	*today*

Estas dos nuevas órdenes van muy bien con la hora y el calendario . . .

Ven . . .
Come . . .
[cam]

. . . *at eight* [at éit]
. . . *in three weeks*
[in zri uícs]
. . . *in January*
[in chánuari]
. . . *early tomorrow*
[érli tumórou]
. . . *in one hour*
[in uán áur]
. . . *before four*
[bifór fóar]
. . . *in two months*
[in tu máns]
. . . *on Wednesday*
[on uénsdei]

Anda . . .
Go . . .
[góu]

Emplea este código para descifrar el día secreto del año:

1	2	3	4	5	6	7	8	9	10	11	12	13	14	15	16	17	18	19	20	21	22	23	24	25
A	B	C	D	E	F	G	H	I	J	K	L	M	N	O	P	Q	R	S	T	U	V	W	X	Y

4-5-3-5-13-2-5-18 20-23-5-14-20-25-6-9-22-5

RESPUESTA:
December twenty-five [disémber tuénti fáif] (¡Navidad!)

La cocina está llena de INGLÉS, pero hay muchos otros cuartos.
Si quieres, lee el Capítulo *FOUR* de nuevo antes de seguir adelante.
Y no olvides, ¡continúa hablando INGLÉS para niños!

5 | CAPÍTULO
FIVE [fáif]

Let's Go Outside [lets góu autsáid]
(Vamos afuera)

How Is the Weather?
[jáo is de uéder]
(¿Qué tiempo hace?)

Es hora de aprender INGLÉS fuera de la casa. Comienza aprendiendo algo del tiempo.

Está . . .   *It is . . .* [it is]

lloviendo
raining [réinin]

ventoso
windy [uíndi]

nublado *cloudy* [cláudi]

nevando
snowing [snóuin]

En español debemos usar a veces "está" y otras veces "hace", ¡pero en INGLÉS es siempre *It is*!

Hace . . .   *It is . . .* [it is]

frío   *cold* [cold]
sol   *sunny* [sáni]
calor   *hot* [jat]

Une ahora las frases que significan lo mismo:

Hace sol.	*It is snowing.*
Está lloviendo.	*It is sunny.*
Está nevando.	*It is raining.*

RESPUESTAS: Hace sol. *It is sunny.* [it is sáni]
Está lloviendo. *It is raining.* [it is réinin]
Está nevando. *It is snowing.* [it is snóuin]

94

Haz un dibujo según esta descripción:

It is a pretty day. It is not cloudy. It is sunny.

Mira por la ventana y escribe lo que ves:

It is _____ and _____.

The Garden *[de gárden]*
(El jardín)

¿Tienes un jardín? Entonces sale y recórrelo. ¿No tienes un jardín? ¡Entonces imagínatelo!

Mira el . . .   **Look at the . . .** *[luc at de]*

árbol
tree *[tri]*

arbusto
bush *[buch]*

flor
flower
[fláuer]

insecto
insect *[ínsect]*

planta
plant *[plant]*

pasto
grass *[gras]*

¿Qué más ves o imaginas?

hoja **leaf** *[lif]*

tierra **dirt** *[dert]*

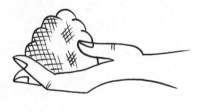

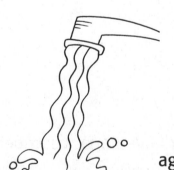

piedra **stone** *[stóun]*

agua **water** *[uáter]*

¡Colorea estos dibujos hoy mismo!

There Is and There Are [der is an der ar]
(Hay)

En español decimos "hay", pero en INGLÉS esto se complica. Para decir que hay <u>una</u> sola cosa o persona, hay que decir *There is* [der is], pero para decir que hay <u>varias</u> personas o cosas, debes decir *There are* [der ar].

<u>Hay</u> mucha tierra.   *There is a lot of dirt.* [der is a lat of dert]
<u>Hay</u> muchas piedras.   *There are a lot of stones.* [der ar a lat of stóuns]

Pon estas palabras en orden:

Hay mucho pasto en el jardín.

grass in lot garden There is the a of

_____ .

97

Hay muchas hojas en el arbusto.

lot a of bush on There are leaves the

_____ .

Hay insectos en todos los jardines. Señálalos y pronuncia sus nombres en INGLÉS:

Señala el o la . . .   *Point to the . . .* [póint tu de]

cucaracha *cockroach* [cácrouch]

hormiga *ant* [ant]

abeja *bee* [bi]

gusano *worm* [uérm]

araña *spider* [spáider]

mosca *fly* [flái]

caracol *snail* [snéil]

Subraya la palabra que no corresponde.

hot, cold, bush
dirt, fly, bee
tree, grass, weather

98

Pon un círculo a la respuesta correcta:

The ants are (floors, chickens, small)
The flower is (dirt, yellow, tree)
It is cold and it is (yesterday, raining, kitchen)

House Pets [jáus pets]
(Animales domésticos)

¿Hay animales domésticos en tu casa? ¿Tienen tus amigos? Mira cuán distinto se llaman en INGLÉS:

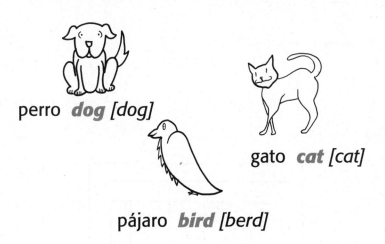

perro **dog** [dog]

ratón **mouse** [máus]

gato **cat** [cat]

tortuga **turtle** [tértel]

pájaro **bird** [berd]

pez **fish** [fich]

Los niños que viven en una granja juegan con éstos:

puerco **pig** [pig]

caballo **horse** [jors]

oveja **sheep** [chíip]

vaca **cow** [cáu]

pato **duck** [dac]

99

Traza una línea del dibujo a su nombre:

sheep   *cat*   *horse*   *bird*   *dog*

Sigue este laberinto, a ver si llegas al final:

I Work in the Garden [ái uérc in de gárden]
(Trabajo en el jardín)

Cuando vayas al jardín, estas órdenes demostrarán lo mucho
que ya sabes:

Señala . . .	*Point to the . . .* [póint tu de]
Mira . . .	*Look at the . . .* [luc at de]
Toca . . .	*Touch the . . .* [tach de]
Trae . . .	*Bring the . . .* [brin de]
Toma . . .	*Take the . . .* [téic de]

la pala *shovel* [chável]

la escoba
broom [brum]

el rastrillo *rake* [réic]

la manguera *hose* [jóus]

la escalera *ladder* [láder]

More Tools [mor tuls]
(Más herramientas)

pinzas *pliers* [pláiers]
clavo *nail* [néil]

martillo *hammer* [jámer]

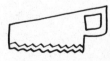

serrucho *saw* [so]

destornillador *screwdriver* [scrudráiver]

¿Estás dibujando? Haz un círculo alrededor de la palabra que mejor completa la frase:

The (ladder, flower, sheep) is an animal.

The (saw, turtle, tree) is a tool.

The (rake, bush, butter) is a plant.

RESPUESTAS: *sheep [chíip]*
saw [so]
bush [buch]

Es hora de conectar las palabras que van juntas:

leaf	*hammer*
dirt	*broom*
floor	*rake*
nail	*hose*
water	*shovel*

RESPUESTAS: *leaf [liif]*   *rake [réic]*
dirt [dert]   *shovel [chável]*
floor [flóar]   *broom [brum]*
nail [néil]   *hammer [jámer]*
water [uáter]   *hose [jóus]*

Tacha todas las segundas letras y lee el mensaje secreto:

I n l e i w k o e q m y y a g a a e r k d s e u n.

RESPUESTA: *I like my garden. [ái láic mái gárden]*
(Me gusta mi jardín.)

102

Let's Go! *[lets góu]*
(¡Vamos!)

Cuando hayas terminado en el jardín, pide a alguien que te saque a pasear por la ciudad. El INGLÉS está en todas partes, así que prepárate a aprender un montón.

Mira el o la . . . ***Look at the . . .*** *[luc at de]*

carro   ***car*** *[car]*

metro   ***subway*** *[sábuei]*

camión   ***truck*** *[trac]*

motocicleta   ***motorcycle*** *[mótorsaiquel]*

autobús   ***bus*** *[bas]*

Elige las palabras necesarias de la lista previa y escríbelas abajo:

Los estudiantes toman esto para ir a la escuela. _____

Un oficial de policía monta en ella. _____

Esto anda bajo tierra. _____

RESPUESTAS: *bus [bas], motorcycle [mótorsaiquel], subway [sábuei]*

¿Cuál es más grande?

truck or motorcycle
car or subway
bus or bicycle

RESPUESTAS: *truck [trac], subway [sábuei], bus [bas]*

Éstos también llevan gente:

tren ***train*** *[tréin]*

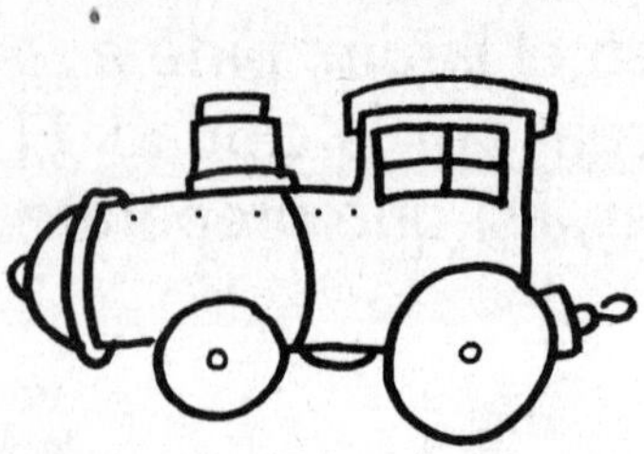

bote ***boat*** *[bóut]*

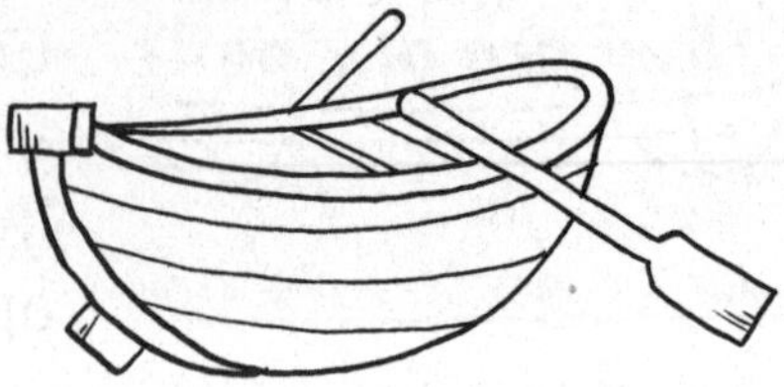

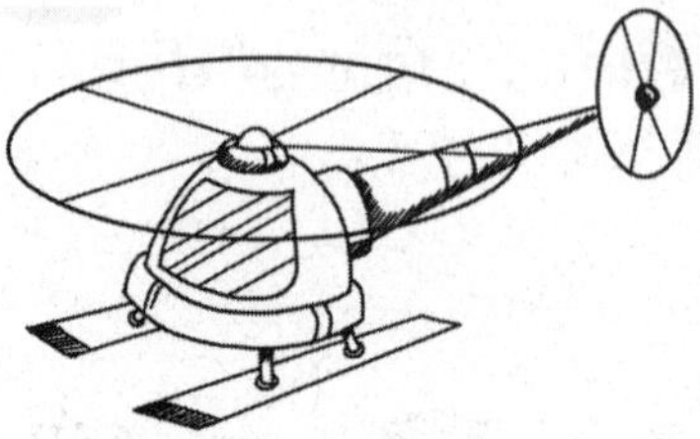

helicóptero
helicopter
[jélicopter]

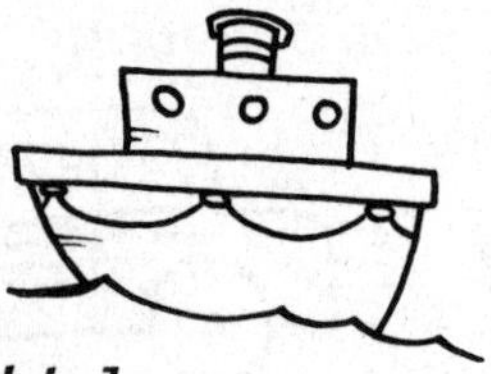

barco
ship *[chip]*

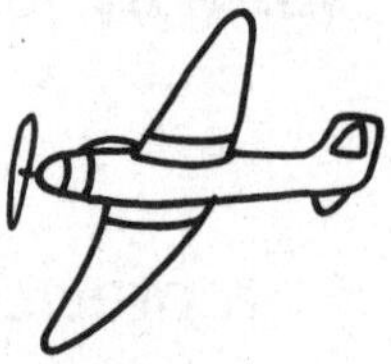

avión
plane *[pléin]*

Provee las palabras que faltan y luego traduce al español:

_ a _

____

_ o t _ _ c y _ _ e

____

_ u _

____

t _ a i _

____

p l _ _ e

____

s _ _ w a _

____

RESPUESTAS: *car [car]* *motorcycle [mótorsaiquel]*
bus [bas] *train [tréin]*
plane [pléin] *subway [sábuei]*

Conecta ahora las frases que significan lo mismo:

Bring the new car.   Vamos en el bote.

They are on the train.   Los taxis son amarillos.

I like the truck.   Trae el carro nuevo.

Let's go in the boat.   Me gusta el camión.

The taxis are yellow.   Ellos están en el tren.

RESPUESTAS: *Bring the new car.* [bring de niú car] Trae el carro nuevo. *They are on the train.* [déi ar on de tréin] Ellos están en el tren. *I like the truck.* [ai láic de trac] Me gusta el camión. *Let's go in the boat.* [lets góu in de bóut] Vamos en el bote. *The taxis are yellow.* [de tácsis ar iélou] Los taxis son amarillos.

¿Puedes hacer estas preguntas en INGLÉS?

¿Dónde está el carro?
¿De qué color es el carro?
¿Te gusta el carro?

RESPUESTAS: *Where is the car?* [uéar is de car] *What color is the car?* [uát cólor is de car] *Do you like the car?* [du iú láic de car]

105

The City *[de síti]*
(La ciudad)

Cuando vayas al centro en un carro, mira hacia afuera. Cuando veas las palabras que aparecen a continuación, dilas en INGLÉS:

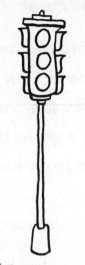

semáforo
traffic light *[tráfic láit]*

calle	***street***	*[strit]*
acera	***sidewalk***	*[sáiduoc]*
buzón	***mailbox***	*[méilbacs]*

edificio ***building*** *[bíldin]*

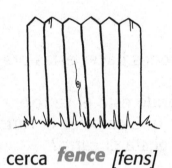

cerca ***fence*** *[fens]*

letrero ***sign*** *[sáin]*

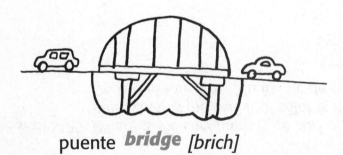

puente ***bridge*** *[brich]*

106

¡Señala!

Señala al (a la) . . .   *Point to the . . . [póint tu de]*

restaurante   *restaurant [réstoran]*

tienda   *store [stóar]*

iglesia   *church [cherch]*
banco   *bank [banc]*
escuela   *school [scul]*

gasolinera   *gas station [gas stéichen]*

Muy bien. Ahora responde estas preguntas en INGLÉS:

¿Dónde guarda la gente su dinero?   *bank*

¿Dónde compra su ropa la gente?   _____

¿Adónde va la gente a comer?   _____

¿Dónde se obtiene gasolina para el carro?   _____

RESPUESTAS: *store [stóar]*
restaurant [réstoran]
gas station [gas stéichen]

107

¿Qué significan estas palabras?

Let's go to the mailbox. *[lets góu tu de méilbacs]* _____ .

Let's go to the church. *[lets góu tu de cherch]* _____ .

Let's go to the bridge. *[lets góu tu de brich]* _____ .

"To the" and "Of the" *[tu de an of de]*
(Muchas posibilidades)

Ya has visto muchas veces que *to the* significa "al", "a la", "a los" o "a las". Ahora verás que *of the* significa "del", "de la", "de los" o "de las". Mira:

Vamos <u>al</u> buzón.

> **Let's go <u>to the</u> mailbox.**
> *[lets góu to de méilbacs]*

Está enfrente <u>del</u> edificio.

> **It is in front <u>of the</u> building.**
> *[it is in front of de bíldin]*

¿Está él señalando <u>al</u> letrero?

> **Is he pointing <u>to the</u> sign?**
> *[is ji póintin tu de sáin]*

¿Cuál <u>de los</u> cinco bancos?

> **Which <u>of the</u> five banks?**
> *[uích of de fáif bancs]*

Two of the five are black.

Take two to the dog.

108

A ver cómo lo haces por tu cuenta:

De los cuatro, me gusta José. _____.

Toma el agua a la vaca. _____.

Es el jugo de la fruta. _____.

Trae la uva a la mesa. _____.

Cuando visites la ciudad, necesitarás palabras que indican dónde está algo. Elige y escribe una de estas palabras en las frases más abajo:

detrás **behind** [bijáin]
cerca **near** [níar]
enfrente de **in front of** [in front of]
lejos de **far from** [far from]

The sign is _____ the restaurant.

The fence is _____ the school.

The traffic light is _____ the street.

Une cada dibujo con la palabra correcta. Luego, usa lápices de color para pintar todo.

flower   traffic light   bird   building   bridge

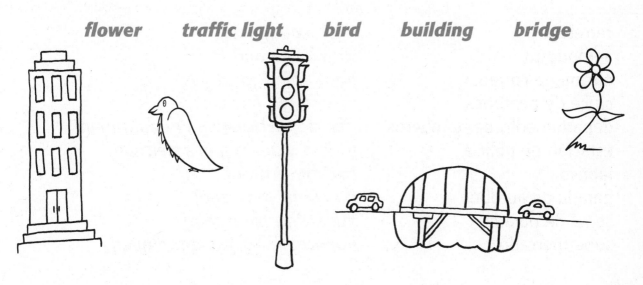

House and Home *[jáus an jóum]*
(La casa y el hogar)

En INGLÉS, la palabra "casa" (*house*) se usa más que nada para indicar la construcción. Cuando la casa está habitada por una familia, la palabra "hogar" (*home*) se usa con mucha más frecuencia.

The house is made of stone.
[de jáus is méid of stóun]
La casa está hecha de piedra.

My family lives at home.
[mái fámili livs at jóum]
Mi familia vive en casa (en nuestro hogar).

Ahora estudia estos lugares. *They are important!*

carretera	*highway [jáiuei]*
aeropuerto	*airport [érpor]*
oficina de correos	*post office [post ófis]*
cruce de peatones	*crosswalk [crósuac]*
departamento de bomberos	*fire department [fáir depártmen]*
estación de policía	*police station [polís stéichon]*
fábrica	*factory [fáctori]*
parada de autobús	*bus stop [bas stop]*
señal de parada	*stop sign [stop sáin]*
supermercado	*supermarket [súpermarquet]*

People *[pípol]*
(La gente)

La ciudad es un lugar con gente que tiene diversas ocupaciones y profesiones. Aquí hay sólo unas pocas:

bombero **firefighter** *[fáirfaiter]*

enfermero(a) **nurse** *[ners]*

mecánico **mechanic** *[mecánic]*

maestro(a) **teacher** *[tícher]*

estudiante **student** *[stúdent]*

doctor(a) **doctor** *[dóctor]*

policía **police officer** *[polís ófiser]*

vendedor **salesman** *[séilsman]*
vendedora **saleswoman** *[séilsvuman]*

Lee en voz alta las frases siguientes. Después compara tu pronunciación y finalmente traduce al español.

My mother is a doctor. She is very smart. She is not at home today. She is at the hospital. My father is a salesman and he is very funny. He is a shoe salesman. He is not at his store today. He is at home.

[Mái máder is a dóctor. Chi is véri smart. Chi is nat at jóum tudéi. Chi is at de jóspital. Mái fáder is a séilsman an ji is véri fáni. Ji is a chu séilsman. Ji is nat at jis stóar tudéi. Ji is at jóum]

RESPUESTAS: Mi madre es una doctora. Ella es muy inteligente. Ella no está en la casa hoy. Ella está en el hospital. Mi padre es un vendedor y es muy chistoso. Él es un vendedor de zapatos. Él no está en su tienda hoy. Él está en casa.

Tacha la palabra que no va con el resto:

store, bank, restaurant, mailbox

horse, subway, sheep, cow

salesman, teacher, hammer, firefighter

mechanic, plane, ship, bus

traffic light, street, building, stone

RESPUESTAS: *mailbox [méilbacs]*
subway [sábuei]
hammer [jámer]
mechanic [mecánic]
stone [stóun]

More Workers [mor uérquers]
(Más trabajadores)

piloto **pilot** [páilot]

dentista **dentist** [déntist]

mesero **waiter** [uéiter]
mesera **waitress** [uéitres]

cartero
mail carrier
[méil cárier]

secretario(a) **secretary**
[sécretari]

cocinero(a) **cook** [cuc]

Haz un círculo alrededor de las palabras que se parecen al español:

dentist	**waitress**	**mail carrier**	**doctor**
firefighter	**pilot**	**salesman**	**cook**

RESPUESTAS: dentista [déntist], doctor [dóctor], pilot [páilot]

Elige la mejor manera de ordenar estas frases:

The mail carrier is   *in the hospital.*

The pilot is   *in the garage.*

The cook is   *on the street.*

The doctor is   *in the plane.*

The mechanic is   *in the restaurant.*

RESPUESTAS: *The mail carrier is on the street. [de méil cárrier is on de strít]*
The pilot is in the plane. [de páilot is in the pléin]
The cook is in the restaurant. [de cuc is in the réstoran]
The doctor is in the hospital. [de dóctor is in the jóspital]
The mechanic is in the garage. [de mecánic is in the garách]

Work and Jobs [uérc an llobs]
(Trabajo y empleos)

Haz estas preguntas a los padres de tus amigos (aquéllos que sólo hablan INGLÉS):

¿Trabaja usted?   ***Do you work?*** *[du iú uérc]*

¿Dónde trabaja usted?   ***Where do you work?***
[uéar du iú uérc]

¿Le gusta su empleo?   ***Do you like your job?***
[du iú láic iór llob]

Escribe tres palabras bajo cada categoría:

Edificios	Empleos	Transporte
_____	_____	_____
_____	_____	_____
_____	_____	_____

Who Are You? *[ju ar iú]*
(¿Quién eres tú?)

Por lo general, el INGLÉS es más fácil que el español.
¿Recuerdas como *you* significa "tú" y también "usted"?
Repasemos las palabras "*am*", "*is*",
y "*are*" que ya vimos en la página 71.

Yo soy valiente. _____ .

Él es un estudiante. _____ .

Ella es inteligente. _____ .

Tú eres fuerte. _____ .

Usted es la señora Johnson. _____ .

Nosotros somos policías. _____ .

Ustedes son tres hermanos. _____ .

Ellos son pilotos. _____ .

Yo estoy aquí. _____ .

Joe está allá. _____ .

Mary no está en la iglesia. _____ .

¿Estás tú en el hospital? _____ .

Usted no está en el hotel. _____ .

Nosotros estamos en el comedor. _____ .

Ustedes están en el cuarto. _____ .

Ellas son bonitas y chistosas. _____ .

¿Cómo te fue? ¿Te das cuenta qué fácil es el verbo *to be* en INGLÉS? ¡*Am–is–are* y se acabó!

Trata esta conversación con un amigo:

#1 **Who are you?**
#2 **I am a police officer. And you?**
#1 **I am a student. Excuse me, where is the big bridge?**
#2 **It is there, in front of the small building.**
#1 **Is it near the gas station?**
#2 **Yes, it has a white and blue sign.**
#1 **Fantastic! Thank you.**
#2 **You are welcome, good-bye.**
#1 *[Ju ar iú]*
#2 *[Ái am a polis ófiser. An iú]*
#1 *[Ái am a stúdent. Ecsquiús mi, uér is de big brich]*
#2 *[It is der, in front of de smol bíldin]*
#1 *[Is it níar de gas stéichen]*
#2 *[Iés, it jas a uáit an blu sáin]*
#1 *[Fantástic! Zenk iú.]*
#2 *[Iú ar uélcam, gud bái]*

RESPUESTAS: #1 ¿Quién es usted?
#2 Yo soy un policía. ¿Y tú?
#1 Yo soy un estudiante. Con permiso, ¿dónde está el puente grande?
#2 Eso está allá, frente al edificio chico.
#1 ¿Está cerca de la gasolinera?
#2 Sí, tiene un cartel blanco y azul.
#1 ¡Fantástico! Gracias.
#2 Bien, adiós.

Ahora pon las letras en orden numérico y entérate adónde iremos en el próximo capítulo.

T (3)   **T** (7)   **C** (10)   **L** (1)   **O** (13)   **H** (11)   **O** (6)

S (4)   **E** (2)   **S** (9)   **O** (12)   **O** (8)   **G** (5)   **L** (14)

RESPUESTA: *Let's go to school. [lets góu tu scul]*

Essay! [*ései*]
¡Ensayo!

Toma ahora una hoja y escribe, en INGLÉS, todo lo que puedas sobre ti y tu familia. Así verás cuánto sabes y qué te conviene repasar.

En INGLÉS, di tu nombre, explica quién eres y qué es lo que haces, cuánta gente hay en tu familia y dónde vives. Escribe lo más que puedas. Si no recuerdas alguna palabra, deja un espacio en blanco y sigue escribiendo.

Estas frases en español te darán una idea . . .
Me llamo . . .
Soy un(a) niño(a) . . .
Tengo . . . años
En mi dormitorio hay . . .
Mi ropa en mi ropero es . . .
En mi familia hay . . .
Sus nombres son . . .
Mi desayuno es . . .
Mis frutas favoritas son . . .
Mi cena es . . .
El tiempo afuera está . . .
En el jardín hay . . .
Mis herramientas son . . .
¡Y muchas otras cosas! ¡Adelante!

Estas expresiones que ya aprendiste en INGLÉS te ayudarán:
I am … There is … There are … It is … They are … I live in … I like … I have. ¡Úsalas!

117

¿Cómo te fue?

Si tuviste dificultades con los últimos ejercicios y con este ensayo, y no recuerdas muchas palabras, entonces vuelve atrás y repasa. No vale la pena apurarte, porque te vas a enredar y enojar. Cuando te sientas seguro, entonces avanza hacia el próximo capítulo y aprende el INGLÉS ¡de la escuela!

6 | CAPÍTULO
SIX [sics]

In School [in scul]
(En la escuela)

My School [mái scul]
(Mi escuela)

Habla INGLÉS camino a la escuela y, cuando llegues, ¡nombra todo lo que veas!

Mira a los maestros y a los estudiantes.
Look at the teachers and at the students.
[luc at de tíchers an at de stúdents]

Vamos a la . . .

Let's go to the . . .
[lets góu tu de]

bandera	*flag* *[flag]*
oficina	*office* *[ófis]*
bancos	*benches* *[bénches]*
salón de clase	*classroom* *[clásrum]*
pizarrón	*whiteboard* *[uáitbor]*
campo de recreo	*playground* *[pléigraun]*

Estudia este mapa y escribe la palabra que corresponde al número:

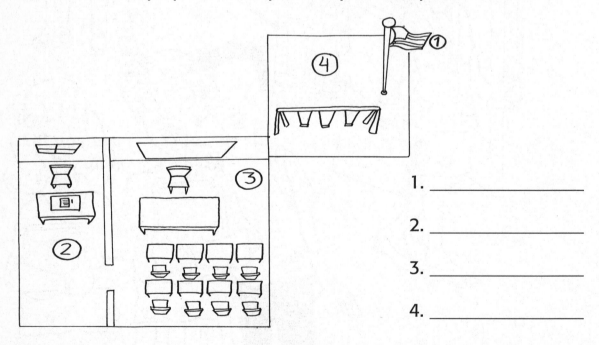

1. _____

2. _____

3. _____

4. _____

Estas frases están al revés. Escríbelas correctamente, pronúncialas y tradúcelas.

eciffo eht fo tnorf ni si galf ehT

INGLÉS: _____

ESPAÑOL: _____

loohcs eht dniheb si hcruhc ehT

INGLÉS: _____

ESPAÑOL: _____

dnuorgyalp eht raen era sehcneb ehT

INGLÉS: _____

ESPAÑOL: _____

I am in grade three.

Contesta esta pregunta. Cambia el número si estás en otro grado.

¿En qué grado estás?	*What grade are you in?* [uát gréid ar iú in]
Estoy en el grado tres.	*I am in grade three.* [ái am in gréid zri]

Esta es otra manera de decirlo:
I am in __third__ grade.

$1°$ = **first** [ferz] $2°$ = **second** [sécond] $3°$ = **third** [zerd]

$4°$ = **fourth** [forz] $5°$ = **fifth** [fifz] $6°$ = **sixth** [sikz]

My Classroom [mái clásrum]
(Mi salón de clase)

Estás en el salón. Mira a tu alrededor:

escritorio **desk** [desc]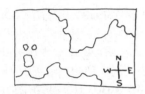

 sacapuntas **pencil sharpener** [pénsil chárpener]

tablero de anuncios **bulletin board** [búletin bord]

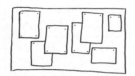

campana **bell** [bel]

mapa **map** [map]

recreo **recess** [ríses]

¿Puedes poner en orden estas palabras?

nilcpe hasrnerep   **oormsalsc**   **ardobiethw**

_____   _____   _____

Nombra todo lo que hay en la mochila. "Mochila" es *backpack* [bácpac].

papel	*paper* [péiper]
lápiz	*pencil* [pénsil]
lapicero	*pen* [pen]
borrador	*eraser* [iréiser]
cuaderno	*notebook* [nóutbuc]

¡Una vez más! Conecta las palabras:

whiteboard	papel
pencil	cuaderno
paper	lápiz
desk	escritorio
notebook	pizarrón

RESPUESTAS:
whiteboard [uáitbor] pizarrón
pencil [pénsil] lápiz
paper [péiper] papel
desk [desc] escritorio
notebook [nóutbuc] cuaderno

Pon un círculo a la palabra que no corresponde:

pencil, pen, desk

flag, teacher, student

paper, bell, notebook

RESPUESTAS:
desk [desc], *flag* [flag], *bell* [bel]

123

What Do You Need? [uát du iú nid]
(¿Qué necesitas tú?)

¡Quéjate! Menciona todo lo que necesitas:

Necesito . . .   *I need the . . .* [ái nid de]

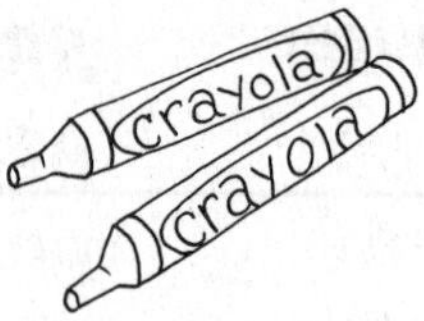

gises *crayons* [créions]

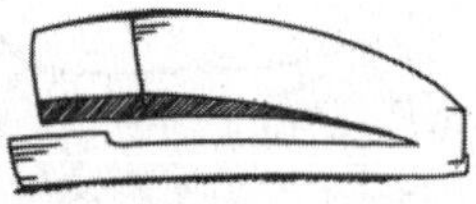

engrapadora
stapler [stéipler]

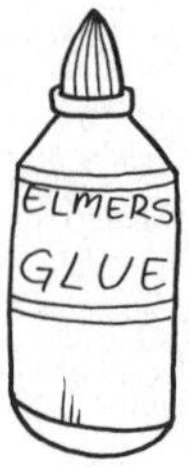

pegamento *glue* [glu]

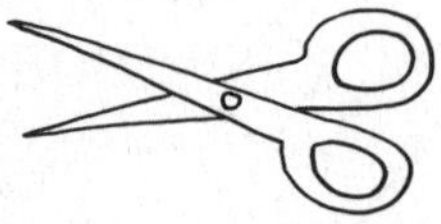

marcador *marker* [márquer]

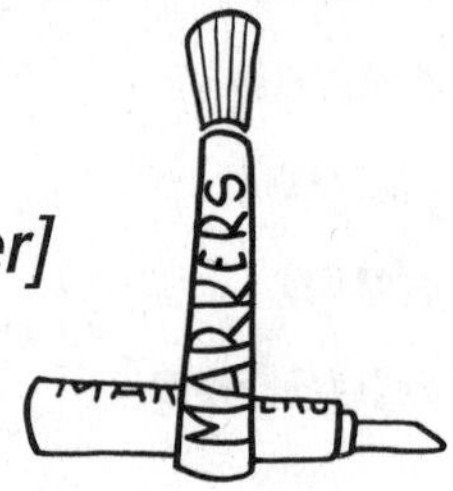

tijeras *scissors* [sísors]

Conecta cada dibujo con la palabra INGLESA:

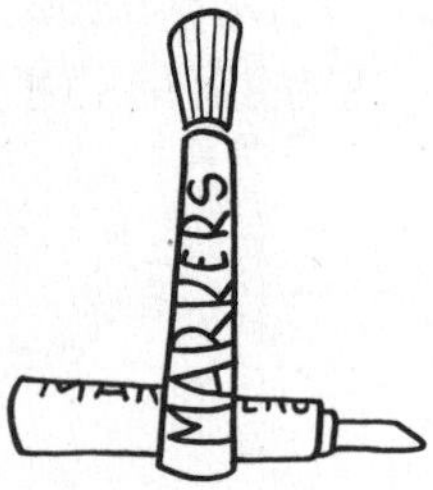

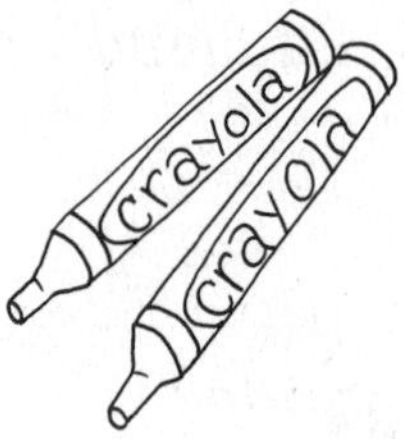

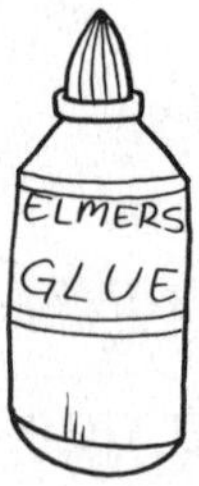

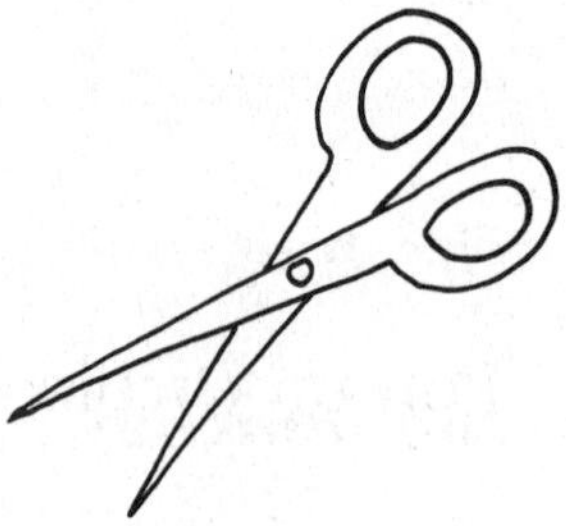

scissors   *glue*   *crayons*   *marker*

Ahora escribe la palabra correcta:

              ball   *paper*   *lunch*

I am hungry. I need my _____ .

Where are my toys? I want a _____ .

I want my notebook. I need _____ .

Tú ya viste estas palabras antes, pero, ¿te acuerdas de ellas? Tradúcelas al español:

computer *[campiúter]* _____

clock *[clac]* _____

book *[buc]* _____

trash can *[trach can]* _____

cabinet *[cábinet]* _____

Pon **V** por Verdadero y **F** por Falso:

The students are at the desks. _____

The whiteboard is in the playground. _____

The papers are on the flag. _____

The book is in the classroom. _____

The benches are in the pencil sharpener. _____

¿Qué sabes tú de computadoras y teléfonos—en inglés?

el teléfono celular	**cell phone** *[sel fon]*
el mensaje en texto	**text message** *[tex mésech]*
el correo electrónico	**e-mail** *[ímeil]*
la contraseña	**password** *[pásuer]*
la impresora	**printer** *[prínter]*
la pantalla	**screen** *[scrin]*
el ratón	**mouse** *[máus]*
el sitio web	**website** *[uébsait]*
el teclado	**keyboard** *[quíbor]*

To Have! [tu jav]
(Tener)

¿Se puede hablar sin saber decir "yo tengo"? ¡De ninguna manera! Así que aquí tienes todo lo que necesitas:

ENGLISH	ESPAÑOL
I have [ái jav]	Yo tengo
You have [iú jav]	Tú tienes
He has [ji jas]	Él tiene
She has [chi jas]	Ella tiene
We have [uí jav]	Nosotros(as) tenemos
They have [déi jav]	Ellos(as) tienen

Fíjate que . . .

- "Tú", "usted", y "ustedes" son iguales en INGLÉS (*You*).
- El verbo en INGLÉS es sólo *have* y *has*.

Sí, todo es sencillo, pero, ¿has practicado tu vocabulario? ¡Te apuesto que sí puedes hacer todos estos ejercicios! Escribe en inglés:

Yo tengo una escoba. _____.

Ellos tienen un cocinero. _____.

Él tiene un plátano verde. _____.

Tú tienes un gato negro. _____.

Usted tiene un carro blanco. _____.

Nosotros tenemos una cama amarilla. _____.

Ella tiene un árbol viejo. _____.

RESPUESTAS:

I have a broom. [ái jav a brum]
They have a cook. [déi jav a cuc]
He has a green banana. [ji jas a grín banána]
You have a black cat. [iú jav a blac cat]
You have a white car. [iú jav a uáit car]
We have a yellow bed. [uí jav a iélou bed]
She has an old tree. [chi jas an old trí]

¿Cómo te fue? No olvides que la Lista de Vocabulario está al final de este libro. Cada vez que no recuerdes una palabra, búscala allí.

What to Do with "Do" and "Don't"?
[uát tu du uít du an dont]
(¿Qué hacer con "do" y "don't"?)

No queremos hacerte la vida muy difícil. La palabra *do* [du] significa "hacer", pero también significa muchas otras cosas, de las cuales sólo mencionaremos las más importantes. Necesitas *do* para hacer preguntas:

¿Tienes un lápiz? **<u>Do</u> you have a pencil?**
[du iú jav a pénsil]

¡Sí, lo tengo! **Yes, I <u>do</u>!** [iés ái du]

¿Tienes un papel? **<u>Do</u> you have a paper?**
[du iú jav a péiper]

¡Sí, lo tengo! **Yes, I <u>do</u>!** [iés ái du]

. . . Y necesitas *don't* [dont] para negar algo:

Yo no tengo un salón de clases grande.
I <u>don't</u> have a big classroom.
[ái dont jav a big clásrum]

Ellos no tienen las tijeras.
They <u>don't</u> have the scissors.
[déi dont jav de sísors]

Pon la palabra correcta sobre las líneas más abajo:

> *has* *have* *has* *have*

Do you _____ your book?

I don't _____ my notebook.

She _____ a pencil and an eraser.

It _____ an ugly color.

Possession Words! *[poséichen uérds]*
(¡Palabras posesivas!)

En muchas frases usamos las palabras "de", "del", "de la", "de los" y "de las" para decir que algo es <u>de</u> alguien. Por ejemplo, "Es el lápiz <u>de</u> Rosa". En tales casos, en INGLÉS se usa una coma alta llamada apóstrofo (') y una **s**. El apóstrofo y la **s** se ponen *después* de la persona o cosa que posee algo. En el caso del lápiz de Rosa, ella es la que posee el lápiz y por eso la frase en INGLÉS es *It is Rose<u>'s</u> pencil.*

Es el escritorio <u>del maestro</u>. *It is the <u>teacher's</u> desk.*
[it is de tíchers desc]

Él tiene la pelota <u>de la niña</u>. *He has the <u>girl's</u> ball.*
[ji jas de guérls bol]

Nosotros tenemos el camión <u>del niño</u>.
We have the <u>boy's</u> truck.
[uí jav de bóis trac]

A ver cómo te resulta:

La flor del jardín. _____.
El libro del estudiante. _____.
El letrero del edificio. _____.
El piloto del avión. _____.

My Favorite Class [mái féivorit clas]
(Mi clase favorita)

¡Tantas cosas que puedes aprender en la escuela!
¿Qué te gusta más?

Me gusta . . .	I like . . . [ái láic]
la música	music [miúsic]
las matemáticas	math [maz]
el arte	art [art]
los estudios sociales	social studies [sóuchal stádis]
la ciencia	science [sáians]
los idiomas	languages [léngüeches]

¿Cuáles de estas palabras van juntas?

website	***science***
numbers	***language***
TV set	***password***
animals	***math***
Spanish	***music***

RESPUESTAS:

website [uébsait]	*password [pásuer]*
numbers [námbers]	*math [maz]*
TV set [tiví set]	*music [miúsic]*
animals [ánimals]	*science [sáians]*
Spanish [spánich]	*language [lénguech]*

The Big World *[de big uérl]* (El gran mundo)

Aprendamos sobre nuestro mundo. ¿Tienes un mapa? Míralo y colorea cada país con un color distinto:

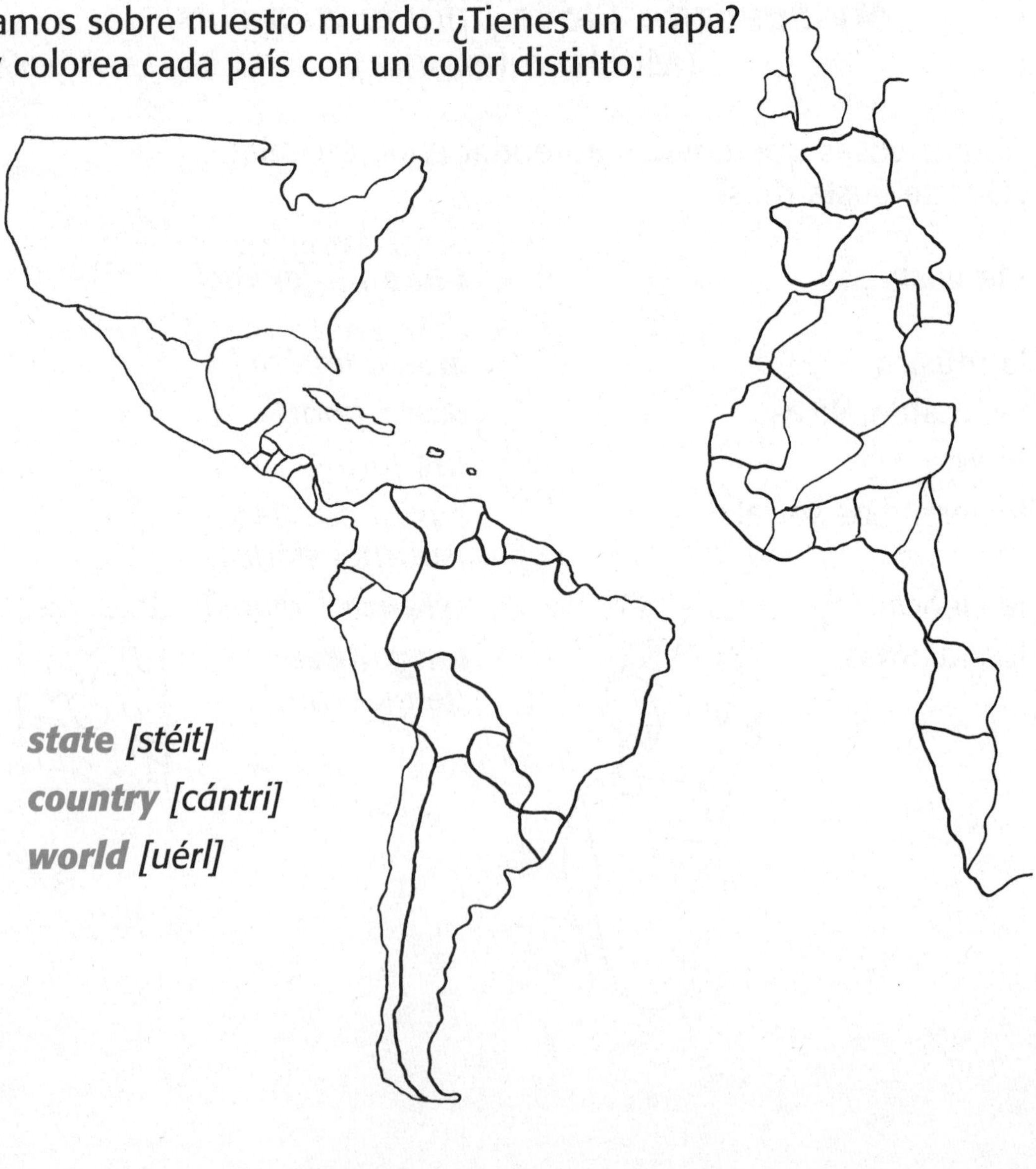

estado	***state*** *[stéit]*
país	***country*** *[cántri]*
mundo	***world*** *[uérl]*

There are many countries in the world!

¿De dónde vienes?   ***Where do you come from?***
                    [uér du iú cam from]

Soy de . . .   ***I'm from*** *. . . [áim from]*

Canadá	***Canada*** *[cánada]*
Los Estados Unidos	***the United States*** *[de yunáited stéits]*
China	***China*** *[cháina]*
Francia	***France*** *[frans]*
Alemania	***Germany*** *[chérmani]*
Inglaterra	***England*** *[íngland]*
Italia	***Italy*** *[ítali]*
Grecia	***Greece*** *[gris]*
Irlanda	***Ireland*** *[áirlan]*
Japón	***Japan*** *[chapán]*
México	***Mexico*** *[méksico]*
España	***Spain*** *[spéin]*
Rusia	***Russia*** *[rácha]*
India	***India*** *[índia]*
América Central	***Central America*** *[céntral américa]*
Sudamérica	***South America*** *[sáud américa]*
El Medio Oriente	***Middle East*** *[mídel is]*
África	***Africa*** *[áfrica]*

Mira el o la . . . **Look at the** . . . *[luc at de]*

desierto   **desert** *[désert]*

lago   **lake** *[léic]*

bosque **forest** *[fórest]*

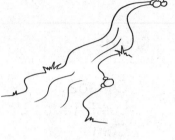

montaña **mountain**
[máunten]

río **river** *[ríver]*

¿Estás coloreando los dibujos? **Good!** *[gud]*. Ahora cuéntanos dónde vives:

I live on _____ (tu calle)
I live in _____ (tu ciudad)
I live in _____ (tu estado)

Une las palabras que van juntas:

desert	**tall**
mountain	**blue**
lake	**hot**

. . . y pon las palabras sobre las líneas:

boats   states   trees

There are many _____ **in the forest.**
There are many _____ **on the river.**
There are many _____ **in the country.**

132

A ver, ¿cómo estás para traducir del INGLÉS al español?

My country has fifty states. *[mái cántri jas fífti stéits]* _____.

Look at the two pretty lakes. *[luc at de tu príti léics]* _____.

The tigers are in the forest. *[de táiguers ar in de fórest]* _____.

It is cold in the mountains. *[it is cold in de máuntens]* _____.

The desert is near here. *[de désert is níar jir]* _____.

The Playground *[de pléigraun]*
(El campo de recreo)

Después de clases, aprende los nombres INGLESES de todas las diversiones:

Vamos a . . . *Let's go to the* . . . *[lets góu tu de]*

el subibaja *seesaw* *[síso]*

los caballitos *merry-go-round*
[méri góu ráun]

las barras *bars* *[bars]*

el columpio *swing* *[suín]*

el resbalador *slide* *[sláid]*

Escribe las letras que faltan:

s __ i __ g   __ e e __ __ w   s __ __ d __

133

Hace tiempo aprendiste estas palabras. Tradúcelas ahora al español:

Bring the . . . *[bring de]*   Trae el o la . . .

ship *[chip]*   _____.

ball *[bol]*   _____.

glove *[glav]*   _____.

     bicycle *[báisecol]*   _____.

     skateboard *[squéitbord]*   _____.

     toy *[tói]*   _____.

Give Me! *[guiv mi]*
(¡Dame!)

He aquí una nueva orden. Usa **Give me** *[guiv mi]* para decir "Dame".

¡Dame la pelota!   <u>***Give me the ball!***</u> *[guiv mi de bol]*

¡Dame el juguete!   _____

¡Dame la patineta!   _____

¡Y no olvides de decir **please** *[plis]*!

Games and Entertainment [guéims an entertéinment]
(Juegos y entretenimientos)

¿Cómo puedes pasarlo bien en INGLÉS?

Me gusta (el/la) . . .   *I like* . . . [ái láic]

baloncesto   *basketball* [básquetbol]
béisbol   *baseball* [béisbol]   fútbol *soccer* [sóquer]
dibujo   *drawing* [dróuin]

natación **swimming** [suímin]

lectura *reading* [rídin]   baile *dancing* [dánsin]

tocar el piano   *playing the piano* [pléyin de piano]
estar con mis amigos   *being with my friends* [bíin uíd mái frens]
jugar videojuegos   *playing video games* [pláyin vídio gueims]
ir a conciertos   *going to concerts* [góin tu cánserts]

mirar televisión
watching TV
[uáchin tiví]
                        visitar Facebook
                        visiting Facebook
                        [vísitin féisbuc]

Pon tu juego o entretenimiento favorito en las líneas
más abajo, primero en español y después en INGLÉS:

¿Te gusta el _____?   *Do you like _____?* [du iú láic ____]
El _____ me gusta mucho.   *I like _____ a lot.* [ái láic ____ a lat]

Conecta:

crayons   **reading**
ball   **drawing**
book   **baseball**

135

Ordena las palabras en cada frase.

of   game   a   soccer   is   It
the   go   class   drawing   Let's   to
baseball   a   have   I   white

RESPUESTAS:
It is a game of soccer. [it is a guéim a sóquer]
Let's go to the drawing class. [lets góu tu de dróuin clas]
I have a white baseball. [ái jav a uáit béisbol]

Escribe tres palabras bajo cada categoría:

The classroom   **The playground**

_____   _____

_____   _____

_____   _____

More Fun [mor fan]
(Más diversión)

cuentos *stories [stóris]*
trucos *tricks [trics]*

canciones
songs [songs]

dibujos animados
cartoons [cartúns]

chistes
jokes [llóucs]

Vamos al . . .
Let's go to the . . . [lets góu tu de]

parque *park [parc]*

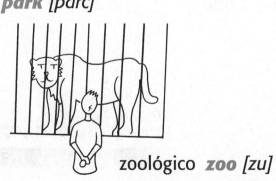

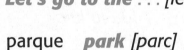
zoológico *zoo [zu]*

cine *movies [múvis]*

136

Responde estas preguntas escribiendo en INGLÉS:

jokes   *cartoons*   *tricks*

¿Qué hace un mago? _____

¿Qué cuenta el que bromea? _____

¿Qué miras en la TV? _____

¿Qué palabras van juntas?

music   *park*
trees   *zoo*
lions   *song*

Mira este CRUCIGRAMA. Pon las palabras en INGLÉS:

1. resbalador
2. cine
3. campo de recreo
4. sí
5. no
6. dibujo
7. o
8. lapicero
9. nombre
10. subibaja
11. mayo
12. abeja
13. columpio

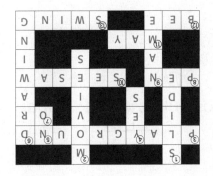

137

Let's Celebrate [lets sélebreit]
(Celebremos)

Hay muchos días especiales durante el año y muchos de ellos son idénticos en INGLÉS:

¡Feliz cumpleaños!	**Happy Birthday!** [jápi bérzdei]
¡Feliz Navidad!	**Merry Christmas!** [méri crísmas]
¡Felices Pascuas!	**Happy Easter!** [jápi íster]

Quiero . . .	**I want the** . . . [ái uánt de]
la fiesta	**party** [párti]
la torta	**cake** [quéic]
el regalo	**present** [présent]
el globo	**balloon** [balún]

las velas **candles** [cándels]

los dulces **candy** [cándi]

el helado **ice cream** [áis crim]

¿Recuerdas lo que has aprendido? Escribe estas palabras en español:

the games and the balloons ________________

my family and my friends ________________

the music and the dancing ________________

RESPUESTAS:
los juegos y los globos
mi familia y mis amigos
la música y el baile

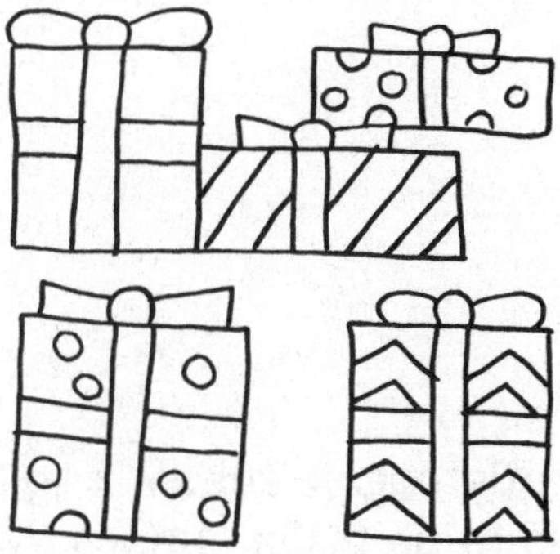

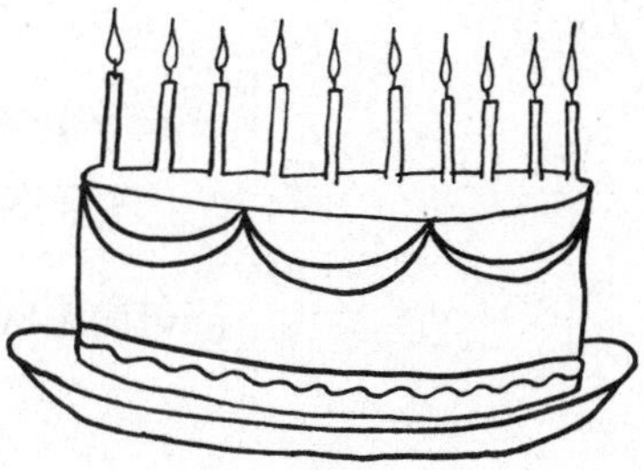

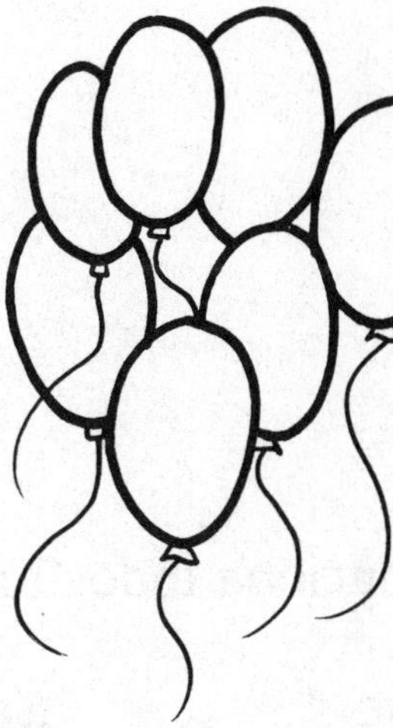

Contesta, en INGLÉS, estas preguntas:

How many candles are there on the cake?
[jáo méni cándels ar der on de quéic]

____

How many presents are there on the table?
[jáo méni présents ar der on de téibol]

____

How many balloons are there at the party?
[jáo méni balúns ar der at de párti]

____

RESPUESTAS:
ten [ten], five [fáif], seven [séven]

Lee en voz alta esta conversación. Después, revisa la pronunciación.
Y después, tradúcela al español:

#1 *Today is my birthday.*

#2 *Great! How old are you?*

#1 *I am eleven. I am very happy.*

#2 *Is there a party at your house?*

#1 *Yes, and we are going to the movies at night.*

#1 *[Tudéi is mái bérzdei]*

#2 *[Gréit! Jáo old ar iú]*

#1 *[Ái am iléven. Ái am véri jápi]*

#2 *[Is der a párti at iór jáus]*

#1 *[Iés, an uí ar góin tu de múvis at náit]*

RESPUESTAS:
#1 Hoy es mi cumpleaños.
#2 ¡Qué bueno! ¿Cuántos años tienes?
#1 Tengo once. Estoy muy feliz.
#2 ¿Hay una fiesta en tu casa?
#1 Sí, y vamos al cine en la noche.

Menciona todos tus bocados favoritos:

Trae . . .   *Bring the* . . . *[brin de]*
Dame . . .   *Give me the* . . . *[guiv mi de]*
Toma . . .   *Take the* . . . *[téic de]*

el pastel *pie [pái]*

las galletas   *cookies [cúquis]*
la gelatina   *jello [llélo]*

el chicle *gum [gam]*

las palomitas *popcorn [pápcorn]*

el maní *peanuts [pínats]*

Une las palabras relacionadas:

ice cream	*popcorn*
music	*cold*
cake	*jello*
butter	*dance*
strawberry	*candles*

RESPUESTAS:
ice cream [áis crim]
music [miúsic]
cake [quéic]
butter [báter]
strawberry [stróberi]
cold [cold]
dance [dans]
candles [cándels]
popcorn [pápcorn]
jello [llélo]

Subraya sólo las cosas que te gusta comer:

cookies	*presents*	*birthdays*
balloons	*pie*	*candy*

RESPUESTAS:
cookies [cúquis], pie [pái], candy [cándi]

Une cada dibujo con la palabra correcta:

pie

cookies

presents

cake

popcorn

Di estos saludos en tu próxima fiesta:

¡Bienvenido!	*Welcome!* [uélcam]
¡Felicitaciones!	*Congratulations!* [congrachuléichons]
¡Buena suerte!	*Good luck!* [gud lac]

Esperamos que lo hayas pasado bien hoy. Ahora, corramos a casa. Y no olvides: piensa y habla en INGLÉS todos los días.

7 | CAPÍTULO
SEVEN [séven]

At Night [at náit]
(De noche)

A Lot of Help [a lat of jelp]
(Mucha ayuda)

Después de volver de la escuela, ¿por qué no ayudas en casa?
Comienza poniendo la mesa:

¿Necesitas ayuda?   **Do you need help?** [du iú nid jelp]
Sí, necesito el o la . . . **Yes, I need the . . .** [iés ái nid de]

plato **plate** [pléit]

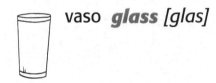
vaso **glass** [glas]

servilleta **napkin** [nápquin]

taza **cup** [cap]

plato hondo **bowl** [bóul]

platillo **saucer** [sóser]

tenedor **fork** [forc]

cuchara **spoon** [spun]

cuchillo **knife** [náif]

Une las palabras que van juntas:

cup	**fork**
chair	**saucer**
spoon	**table**

Pon la palabra indicada sobre la línea:

knife   glass   bowl

I want a _____ of milk.

The soup is in the _____ .

I don't have the fork or the _____ .

RESPUESTAS: *glass* [glas], *bowl* [bóul], *knife* [náif]

¿Te acuerdas de estas órdenes? Tradúcelas y después combínalas con el nuevo vocabulario:

Trae los tenedores.

Dame las cucharas.

Toma los cuchillos.

RESPUESTAS: *Bring the forks.* [bring de forcs]
Give me the spoons. [guív mi de spuns]
Take the knives. [téic de náivs]

¿Te fijaste? "Cuchillos" no es *knifes* sino *knives*. Aquí tienes una nueva orden. Apréndetela y haz los ejercicios:

Pon . . .   *Put . . .* [put]

Pon las servilletas allí.   **Put the napkins there.**
                                   [put de nápquins der]

Pon la taza en el platillo. _____ .

Pon la cuchara en el plato hondo. _____ .

RESPUESTAS: *Put the cup on the saucer.* [put de cap on de sóser]
Put the spoon in the bowl. [put de spun in de bóul]

Conecta ahora las frases que significan lo mismo:

Mira las tazas nuevas.	*Let's go to the kitchen.*
Me gusta la servilleta roja.	*Put the fork here.*
Vamos a la cocina.	*You don't have a bowl.*
Tú no tienes un plato hondo.	*There are six big plates.*
El vaso está en la mesa.	*The glass is on the table.*
Pon el tenedor aquí.	*Look at the new cups.*
Hay seis platos grandes.	*I like the red napkin.*

The Cleanup! [de clínap]
(¡La limpieza!)

Después de cenar, ayuda a limpiar la casa:

Necesito el o la . . . *I need the . . . [ái nid de]*

balde *bucket* [báquet]

esponja *sponge* [sponch]

trapeador *mop* [map]

toalla *towel* [táuel]

jabón *soap* [sóup]

146

Limpia usando palabras que conoces. Escribe en español:

water *[uáter]* ________________

broom *[brum]* ________________

trash can *[trách can]* ________________

RESPUESTAS: agua, escoba, bote de basura

Conecta cada pregunta con la respuesta indicada:

Where is the water?	***In the trash can***
Where is the paper?	***In the garage***
Where is the broom?	***In the bucket***

RESPUESTAS:
Where is the water? *In the bucket* ***[Uér is de uóter? In de báquet]***
Where is the paper? *In the trash can* ***[Uér is de péipar? In de trách can]***
Where is the broom? *In the garage* ***[Uér is de brum? In de garách]***

Escribe la palabra que corresponde a cada número:

1. ______________

2. ________________

3. ________________

4. ________________

5. ________________

RESPUESTAS: 1. *mop [map]* 2. *bucket [báquet]* 3. *sponge [sponch]* 4. *towel [táuel]*
5. *soap [sóup]*

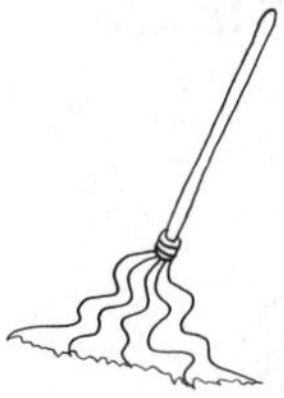

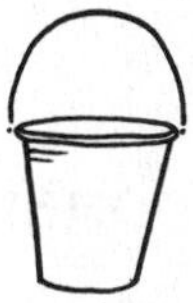

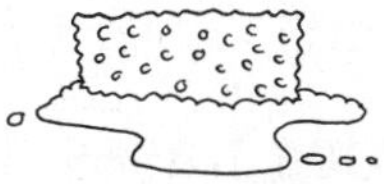

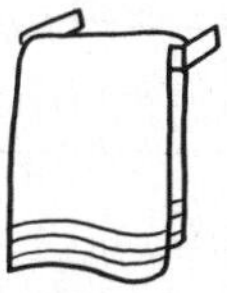

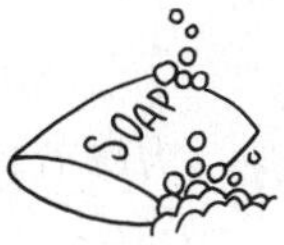

Esta <u>nueva</u> orden hace más fácil la limpieza. ¿Puedes poner las palabras necesarias? ¡En INGLÉS, por supuesto!

Limpia el o la . . .   *Clean the . . . [clin de]*

casa   _____

cuarto   _____

mesa   _____

RESPUESTAS: *house [jáus], room [rum], table [téibol]*

Elige la respuesta correcta:

mop   *sponge*   *broom*

There is dirt on the street. Bring the _____ .
[Der is dert on de strit. Brin de]

There is water on the floor. Bring the _____ .
[Der is uóter on de flóar. Brin de]

There is food on the chair. Bring the _____ .
[Der is fud on de chéar. Brin de]

RESPUESTAS: *broom [brum], mop [map], sponge [sponch]*

Aquí hay dos frases muy, pero muy importantes:

Está limpio(a)   *It is clean. [it is clin]*
Esta sucio(a)   *It is dirty. [it is dérti]*

¿Qué significan estas frases?

Where is the clean towel? [uér is de clin táuel]   _____

I have dirty shoes. [ái jav dérti chus]   _____

My closet is very clean. [mái clóset is véri clin]   _____

RESPUESTAS: ¿Dónde está la toalla limpia?
Yo tengo los zapatos sucios.
Mi ropero está muy limpio.

¿Qué útiles de limpieza siempre van juntos? Descifra este código para encontrar la respuesta:

1	2	3	4	5	6	7	8	9	10	11	12	13	14	15	16	17	18	19	20	21	22	23	24	25
A	B	C	D	E	F	G	H	I	J	K	L	M	N	O	P	Q	R	S	T	U	V	W	X	Y

20-8-5-2-21-3-11-5-20-1-14-4-20-8-5-13-15-16

RESPUESTA: *the bucket and the mop* [de bóquet an de map]

The Bathroom [de bázrum]
(El baño)

Limpiar la casa puede ser un trabajo muy sucio. ¡Anda al baño a lavarte!

espejo
mirror [míror]

excusado
toilet [tóilet]

ducha
shower [cháuer]

lavabo
sink [sinc]

grifo
faucet [fóset]

tina **bathtub** [báztab]

¡Tú ya conoces estas palabras relacionadas con el baño! ¡Tradúcelas al INGLÉS!

Me gusta el agua.   *I like the* _____ .

Me gusta la toalla.   _____ .

Me gusta el jabón.   _____ .

RESPUESTAS: *I like the water.* [ai láic de uáter]
I like the towel. [ai láic de táuel]
I like the soap. [ai láic de sóup]

149

Tarja la palabra que no corresponda:

bathtub, shower, school
faucet, train, sink
knife, water, soap

Habla INGLÉS cuando pruebes el agua:

Está caliente. **It is hot.** [it is jat]
Está fría. **It is cold.** [it is cold]

¡Colorea este dibujo! Luego, termina las frases:

on the toilet, in the shower, in front of the mirror

The dog is _____ **.**

The horse is _____ **.**

The cat is _____ **.**

Pon en orden las palabras de estas frases y escribe su significado en español:

at bathroom the mirror Go the to and look _____

water sink hot Put the the in _____

bathtub the Take clean and sponge the _____

RESPUESTAS:
Go to the bathroom and look at the mirror. [góu tu de básrum an luc at de míror]
Anda al baño y mira el espejo.
Put the hot water in the sink. [put de jat úater in de sinc]
Pon el agua caliente en el lavabo.
Take the sponge and clean the bathtub. [téic de sponch an clin de báztab]
Toma la esponja y limpia la tina.

¡Muy bien! Anda ahora al baño y señala:

Señala . . . *Point to the . . .* [poin tu de]

cepillo **hairbrush** [jérbrach]

peine **comb** [com]

cepillo de dientes
toothbrush [túzbrach]

pasta de dientes
toothpaste [túzpeist]

Subraya la palabra correcta:

My comb is (empty, old, teddy bear)
Put the hairbrush in the (book, subway, bathroom)
The sink has a (faucet, cat, shoe)
The toothpaste is (shirt, tall, green)
The mirror is (happy, clean, hot)

RESPUESTAS: *My comb is old.* [mái com is old]
Put the hairbrush in the bathroom. [put de jérbrach in de bázrum]
The sink has a faucet. [de sinc jas a fóset]
The toothpaste is green. [de túzpeist is grin]
The mirror is clean. [de miror is clin]

My body [mái bádi]
(Mi cuerpo)

Ya que estás en el cuarto de
baño, ¿por qué no te das una
ducha? Pronuncia cada parte
de tu cuerpo mientras te
refriegas:

head [jed]

neck [nec]

shoulder [chólder]

chest [chest]

stomach
[stómac]

arm [arm]

hand [jan]

leg [leg]

foot [fut]

Más partes del cuerpo:

el tobillo	*ankle* [ánquel]
la espalda	*back* [bac]
el codo	*elbow* [élbou]
el dedo	*finger* [fínguer]
el dedo del pie	*toe* [tóu]
la rodilla	*knee* [ni]
la muñeca	*wrist* [rist]

La orden "Lava tu . . ." es **Wash your** . . . [uách iór].
Escribe tres cosas que pueden lavarse en las líneas
siguientes:

Wash _____

Wash _____

Wash _____

152

Pon ahora estas palabras en orden:

h c e t s   _____

c k e n   _____

c h o s a t m   _____

d h a e   _____

g e l   _____

r e s o h u d l   _____

Conecta los puntos. ¿Qué es lo que ves, en INGLÉS?

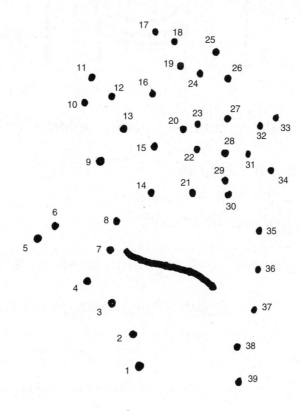

The Face [de féis]
(La cara)

Cada vez que te mires en el espejo, habla en INGLÉS:

Mira . . .   **Look at the . . .** *[luc at de]*

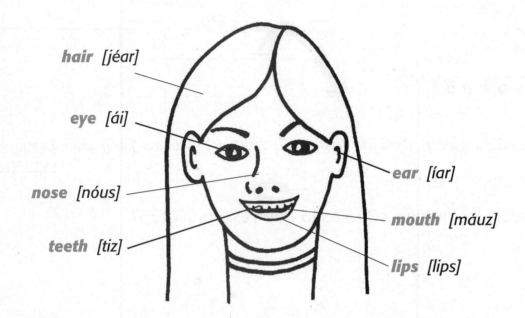

hair *[jéar]*

eye *[ái]*

ear *[íar]*

nose *[nóus]*

mouth *[máuz]*

teeth *[tiz]*

lips *[lips]*

Lee siempre en voz alta y, cuando puedas, colorea los dibujos:

The eyes are blue. *[de áis ar blu]*
The hair is brown. *[de jéar is bráun]*
The teeth are white. *[de tíiz ar uáit]*

Aquí hay dos monstruos distintos. ¿Cómo lucen en INGLÉS?

Tiene tres ojos.   <u>**It has three eyes.**</u> *[it jas zri áis]*

Tiene dos cabezas.   _____ .

Tiene cuatro brazos.   _____ .

(¿Te fijas cómo se usa **It** en este caso? Eso es porque un monstruo no es ni "él" ni "ella", sino un "ello".)

Hay cuatro orejas. **There are four ears.**
[der ar fóar érs]

Hay tres piernas. _____.

Hay cinco dientes. _____.

Dibuja ahora a este monstruo:

**It has two mouths, one tooth, a big nose, and a lot of green hair:**

I Am Sick [ái am sic]
(Estoy enfermo(a))

¿No te sientes bien? Pide ayuda en **English**:

Necesito la (el) . . .	**I need the . . .** [ái nid de]
aspirina	**aspirin** [áspirin]
vitamina	**vitamin** [váitamin]

medicina
medicine
[médisin]

curita
Band-aid
[bándeid]

termómetro **thermometer** [zermómeter]

Haz un círculo a las tres palabras que se parecen al español:

sick   vitamin   Band-aid   medicine   aspirin

RESPUESTAS: *vitamin, medicine, aspirin*

What Is the Matter? [uát is de máter]
(¿Qué te pasa?)

Tengo un(a) . . .	**I have a . . .** [ái jav a]
tos	**cough** [cof]
resfriado	**cold** [cold]
fiebre	**fever** [fíver]

Es un(a) . . .	**It is a . . .** [it is a]
dolor de estómago	**stomachache** [stómaqueic]
dolor de cabeza	**headache** [jédeic]
dolor de muela	**toothache** [túzeic]

156

Conecta las palabras que van juntas:

headache   *dentist*
stomachache   *aspirin*
toothache   *food*

Lee en voz alta y luego escribe estas palabras en español:

#1 What is the matter? Are you sick?

_____

#2 Yes. I have a headache and fever.

_____

#1 Do you need a doctor?

_____

#2 No, thanks. I want a thermometer and aspirin.

_____

#1 [Uát is de máter? Ar iú sic]

_____

#2 [Iés. Ái jaf a jédeic an fíver]

_____

#1 [Du iú nid a dóctor]

_____

#2 [Nóu, zenks. Ái uónt a zermómeter an áspirin]

_____

To Bed! [tu bed]
(¡A la cama!)

Llegó la hora de dormir, por eso . . . **go to bed** [góu tu bed].

Cuando estés bajo la frazada, mira por la ventana. Hay muchas cosas que ver o imaginar:

Mira el (la) . . .   **Look at the** . . . [luc at de]

estrella   **star** [star]
luna   **moon** [mun]
espacio   **space** [spéis]

cometa
comet
[cámet]

planeta
planet
[plánet]

Pon palabras que hayas aprendido recién en las líneas más abajo y después léelas.

Point at the _____ . [póin at de]

I like the _____ . [ái láic de]

Let's go to the _____ . [lets góu tu de]

Colorea:

Three green planets. [zri grin plánets]

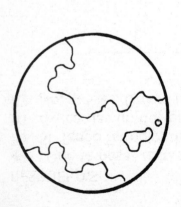
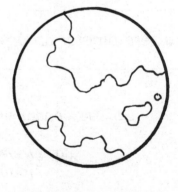
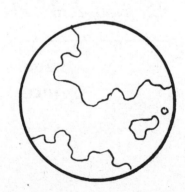

One blue star. *[uán blu star]*

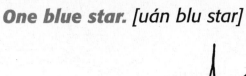

Two red comets. *[tu red cámets]*

Tell Me a Story *[tell mi a stóri]*
(Dime un cuento)

Antes de dormirte, toma tu libro de cuentos favorito. Mira los nombres en INGLÉS de estos personajes y pronúncialos:

Es el (la) . . .   ***It is the . . .*** *[it is de]*

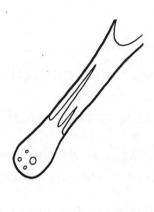

princesa   ***princess*** *[prínses]*
hada   ***fairy*** *[féri]*

mago ***wizard*** *[uízar]*

reina   ***queen*** *[cuín]*
príncipe   ***prince*** *[prins]*

rey ***king*** *[quin]*

duende ***elf*** *[elf]*

Aquí tienes . . .   *Here is the . . . [jir is de]*

fantasma   *ghost [góus]*
gigante   *giant [cháian]*

bruja
witch
[uích]

monstruo
monster
[mónster]

dragón
dragon
[drágon]

Contesta con **V** por Verdadero y **F** por Falso:

The giant is very small. [de cháiant is véri smol]   _____

The daughter of the king is the princess.
[de dóter of de quin is de prínses]   _____

The witches are very pretty. [de uíches ar véri príti]   _____

RESPUESTAS: F, V, F

Hay alguien escondido en las letras más abajo. Haz un círculo alrededor de cada segunda letra para encontrarlo.

O I T A L M O S A M S A A L M L O A I N

T D N I E H R A E V L E A B S I O G Q E E

A J R A S X I P A W M E A A N Y E U L P F J !

¿Cuál es el mensaje secreto?   _____

¿Quién soy yo?   _____

RESPUESTAS: *I am small and I have big ears, I am an elf!*
[Ái am smol an di jaf big íars. Ái am an elf]
Yo soy chico y tengo las orejas grandes. ¡Yo soy un duende!

160

Une con una línea las frases con los dibujos.

The witch has a broom. [de uích jas a brum]

The princess is very sad.
[de prínses is véri sad]

The ghost is in the house.
[de góus is in de jáus]

Pronto amanecerá. Al despertar, vuelve al Capítulo Uno, ¡y lee este libro de nuevo!

I Speak English [ái spic ínglech]
(Yo hablo inglés)

Have you learned all the words in this book?

¿Te aprendiste TODAS las palabras en este libro?

Seguramente que no. Pero no te preocupes. Si miras este libro todos los días, y si practicas con tus amigos y con tu familia . . .

¡Pronto hablarás mucho inglés!

Good-bye, my friends!

LISTA DE VOCABULARIO
VOCABULARY LIST
[vocábiulari list]

Las terminaciones entre paréntesis indican que la palabra principal también puede terminar de esa manera. Por ejemplo, "poco(a)(os)(as)— *little*" significa que *little* puede ser tanto "poco" como "poca", "pocos" o "pocas".

ESPAÑOL	ENGLISH
a	*to* [tu]
abajo	*down* [dáun]
abeja	*bee* [bi]
abierto(a)(os)(as)	*open* [ópen]
abrazo	*hug* [jag]
abrigo	*overcoat* [óvercout]
abril	*April* [éipril]
abuela	*grandmother* [granmáder]
abuelo	*grandfather* [granfáder]
acera	*sidewalk* [sáiduoc]
adentro	*inside* [insáid]
adiós	*good-bye* [gud bái]
aeropuerto	*airport* [érpor]
África	*Africa* [áfrica]
afuera	*outside* [áutsaid]
agosto	*August* [ógost]
agua	*water* [uáter]
ahora	*now* [náu]
al	*to the* [tu de]
alfombra	*carpet* [cárpet]
algo	*something* [sámzin]
alguien	*someone* [sámuan]

algún(a)(os)(as)	*some* [sam]
allí	*there* [der]
almohada	*pillow* [pílou]
almuerzo	*lunch* [lanch]
alto(a)(os)(as)	*tall* [tol]
amarillo(a)	*yellow* [iélou]
América Central	*Central America* [céntral américa]
americano(a)	*American* [américan]
amigo(a)	*friend* [fren]
amor	*love* [lav]
anaranjado	*orange* [óranch]
ángel	*angel* [énchel]
anillo	*ring* [ring]
animal	*animal* [ánimal]
animal de peluche	*stuffed animal* [staft ánimal]
animal doméstico	*pet* [pet]
año	*year* [íer]
antes	*before* [bifór]
apartamento	*apartment* [apártment]
apio	*celery* [séleri]
aquí	*here* [jíir]
araña	*spider* [spáider]
árbol	*tree* [tri]
arbusto	*bush* [buch]
arete	*earring* [írin]
arriba	*up* [ap]
arroz	*rice* [ráis]
arte	*art* [art]
arvejitas	*peas* [pis]
ascensor	*elevator* [elevéitor]
aspiradora	*vacuum cleaner* [váquium clíner]
aspirina	*aspirin* [áspirin]
astronauta	*astronaut* [ástronot]
asustada(o)	*afraid* [afréid]
autobús	*bus* [bas]
a veces	*sometimes* [sámtaims]
avión	*airplane* [eírplein]
ayer	*yesterday* [iésterdei]
azúcar	*sugar* [chúgar]
azul	*blue* [blu]

164

baile	*dance* [dans]
bajo(a)(os)(as)	*short* [chort]
balde	*bucket* [báquet]
baloncesto	*basketball* [básquetbol]
banco (dinero)	*bank* [banc]
banco (asiento)	*bench* [bench]
bandera	*flag* [flag]
baño	*bathroom* [bázrum]
barato(a)(os)(as)	*cheap* [chip]
barco	*ship* [chip]
barras	*bars* [bars]
bastante(s)	*enough* [ináf]
bate	*bat* [bat]
batido	*milkshake* [mílkcheic]
baúl	*chest* [chest]
bebé	*baby* [béibi]
bebida	*drink* [drinc]
béisbol	*baseball* [béisbol]
beso	*kiss* [quis]
biblioteca	*library* [láibreri]
bicicleta	*bicycle* [báisecol]
bien	*fine* [fáin]
billetera	*wallet* [uálet]
bistec	*steak* [stéic]
blanco(a)	*white* [uáit]
bloques	*blocks* [blocs]
blusa	*blouse* [bláus]
boca	*mouth* [máuz]
bolsa	*bag* [bag]
bombero	*firefighter* [fairfáiter]
bonito(a)(os)(as)	*pretty* [príti]
borrador	*eraser* [eréiser]
bosque	*forest* [fórest]
botas	*boots* [buts]
bote	*boat* [bóut]
bote de basura	*trash can* [trách can]
botella	*bottle* [bátel]
brazalete	*bracelet* [bréislet]
brazo	*arm* [arm]
bruja	*witch* [uích]
bueno(a)(os)(as)	*good* [gud]

bufanda	*scarf* [scarf]
burro	*donkey* [dánqui]
buzón	*mailbox* [méilbax]
caballitos	*merry-go-round* [merigouráun]
caballo	*horse* [jors]
cabeza	*head* [jed]
cachorrito(a)	*puppy* [pápi]
cada	*each* [ich]
café (color)	*brown* [bráun]
café (bebida)	*coffee* [cófi]
calabaza	*pumpkin* [pámquin]
calcetín	*sock* [soc]
calendario	*calendar* [cálendar]
caliente(s)	*hot* [jat]
calle	*street* [strit]
cama	*bed* [bed]
cámara	*camera* [cámera]
camino	*road* [róud]
camión	*truck* [trac]
camisa	*shirt* [chert]
camiseta	*t-shirt* [tí-chert]
campana	*bell* [bel]
campo de recreo	*playground* [pléigraun]
Canadá	*Canada* [cánada]
canción	*song* [song]
cansado(a)(os)(as)	*tired* [táier]
capítulo	*chapter* [chápter]
cara	*face* [féis]
caracol	*snail* [snéil]
carne	*meat* [mit]
caro(a)(os)(as)	*expensive* [ecspénsiv]
carretera	*highway* [jáiuei]
carro	*car* [car]
cartera	*purse* [pers]
cartero	*mail carrier* [méil cárier]
casa	*house* [jáus]
casi	*almost* [ólmost]
catorce	*fourteen* [fortín]
cebolla	*onion* [ónion]
cena	*dinner* [díner]

cepillo	*hairbrush* [jérbrach]
cepillo de dientes	*toothbrush* [túzbrach]
cerca (valla)	*fence* [fens]
cerca (próximo)	*near* [níar]
cero	*zero* [síro]
cerrado(a)(os)(as)	*closed* [clóusd]
cerro	*hill* [jil]
champú	*shampoo* [champú]
chaqueta	*jacket* [lláquet]
chicle	*gum* [gam]
chico(a)(os)(as)	*little* [lítel]
chimenea	*chimney* [chímni]
China	*China* [cháina]
chiste	*joke* [llóuc]
chistoso(a)(os)(as)	*funny* [fáni]
chocolate	*chocolate* [chócolat]
cien	*one hundred* [uán jándred]
ciencia	*science* [sáians]
cinco	*five* [fáif]
cincuenta	*fifty* [fífti]
cine	*movies* [múvis]
cinta	*ribbon* [ríbon]
cinturón	*belt* [belt]
ciudad	*city* [síti]
clase	*class* [clas]
clavo	*nail* [néil]
cocina	*kitchen* [quítchen]
cocinero(a)	*cook* [cuc]
codo	*elbow* [élbou]
collar	*necklace* [néclas]
color	*color* [cólor]
columpio	*swing* [suín]
comedor	*dining room* [dáinin rum]
cometa (espacial)	*comet* [cómet]
cometa(juguete)	*kite* [cáit]
comida	*food* [fud]
computadora	*computer* [campiúter]
con	*with* [uíd]
conejo(a)	*rabbit* [rábit]
contraseña	*password* [pásuer]
corazón	*heart* [jart]

corbata	*tie* [tái]
correo	*mail* [méil]
correo electrónico	*e-mail* [ímeil]
corte de pelo	*haircut* [jércat]
cortina	*curtain* [quérten]
cosa	*thing* [zing]
cruce de peatones	*crosswalk* [crósuac]
cuaderno	*notebook* [nóutbuc]
cuarenta	*forty* [fórti]
cuarto	*room* [rum]
cuarto(a)(os)(as)	*fourth* [forz]
cuatro	*four* [fóar]
cubrecama	*bedspread* [bédspred]
cucaracha	*cockroach* [cácrouch]
cuchara	*spoon* [spun]
cuchillo	*knife* [náif]
cuello	*neck* [nec]
cuento	*story* [stóri]
cuerpo	*body* [bádi]
culebra	*snake* [snéic]
curita	*Band-aid* [bándeid]
de	*of (o) from* [of o from]
debajo	*under* [ánder]
débil(es)	*weak* [uíc]
dedo	*finger* [fínguer]
dedo del pie	*toe* [tóu]
delgado(a)(os)(as)	*thin* [zin]
dentista	*dentist* [déntist]
departamento de bomberos	*fire department* [fáir depártmen]
deporte	*sport* [sport]
derecho(a)(os)(as)	*right* [ráit]
desayuno	*breakfast* [brécfast]
desierto	*desert* [désert]
después	*after* [áfter]
destornillador	*screwdriver* [scrudráiver]
desván	*attic* [átic]
detrás	*behind* [bijáin]
día	*day* [déi]
dibujo	*drawing* [dróuin]

dibujos animados	*cartoons* [cartúns]
diciembre	*December* [disémber]
diecinueve	*nineteen* [naintín]
dieciocho	*eighteen* [eitín]
dieciséis	*sixteen* [sicstín]
diecisiete	*seventeen* [seventín]
diente	*tooth* [tuz]
dientes	*teeth* [tiz]
diez	*ten* [ten]
diferente(s)	*different* [díferent]
difícil	*hard* [jar]
dinero	*money* [máni]
dinosaurio	*dinosaur* [dáinosor]
Dios	*God* [gad]
dirección	*address* [ádres]
diversión	*fun* [fan]
doce	*twelve* [tuélf]
doctor(a)	*doctor* [dóctor]
dólar	*dollar* [dólar]
dolor de cabeza	*headache* [jédeic]
dolor de estómago	*stomachache* [stómaqueic]
dolor de muela	*toothache* [túzeic]
domingo	*Sunday* [sándei]
dónde	*where* [uéar]
dormitorio	*bedroom* [bédrum]
dos	*two* [tu]
dragón	*dragon* [drágon]
ducha	*shower* [cháuer]
duende	*elf* [elf]
dulce	*sweet* [suít]
dulces	*candy* [cándi]
edificio	*building* [bíldin]
él	*he* [ji]
el	*the* [de]
elefante(a)	*elephant* [élefant]
ella	*she* [chi]
El Medio Oriente	*Middle East* [mídel is]
emocionado(a)(os)(as)	*excited* [ecsáited]
en	*at (o) in (u) on* [at o in u on]
encima	*above* [abóuv]
enero	*January* [chánueri]

enfermero(a)	*nurse* [ners]
enfrente	*in front* [in front]
engrapadora	*stapler* [stéipler]
enojado(a)(os)(as)	*angry* [éngri]
ensalada	*salad* [sálad]
entonces	*then* [den]
equipo	*team* [tim]
eres	*are* [ar]
es	*is* [is]
escalera	*ladder* [láder]
escaleras	*stairs* [stéars]
escoba	*broom* [brum]
escritorio	*desk* [desc]
escuela	*school* [scul]
escúter	*scooter* [scúter]
eso(a)	*that* [dat]
esos(as)	*those* [dóus]
espacio	*space* [spéis]
espalda	*back* [bac]
España	*Spain* [spéin]
español(a)	*Spanish* [spánich]
especial	*special* [spéchal]
espejo	*mirror* [míror]
esponja	*sponge* [sponch]
esposa	*wife* [uáif]
esposo	*husband* [jásban]
esquina	*corner* [córner]
está	*is* [is]
estación de policía	*police station* [polís stéichon]
estado	*state* [stéit]
Estados Unidos	*United States* [iunáited stéits]
están	*are* [ar]
estás	*are* [ar]
estéreo	*stereo* [stéreo]
esto(a)	*this* [dis]
estómago	*stomach* [stómac]
estos(as)	*these* [zis]
estoy	*am* [am]
estrella	*star* [star]
estudiante	*student* [stúdent]

estudios sociales	*social studies* [sóuchal stádis]
estufa	*stove* [stouv]
excelente(s)	*excellent* [écselent]
excusado	*toilet* [tóilet]
fábrica	*factory* [fáctori]
fácil(es)	*easy* [ísi]
falda	*skirt* [squért]
familia	*family* [fámili]
fantasma	*ghost* [góust]
fantástico(a)(os)(as)	*fantastic* [fantástic]
favorito(a)(os)(as)	*favorite* [féivorit]
febrero	*February* [fébrueri]
feliz(ces)	*happy* [jápi]
feo(a)(os)(as)	*ugly* [ágli]
fideos	*noodles* [núdels]
fiebre	*fever* [fíver]
fiesta	*party* [párti]
fin	*end* [end]
finca	*farm* [farm]
flor	*flower* [fláuer]
fogón	*fireplace* [fáerpleis]
foto	*photo* [fóto]
Francia	*France* [frans]
frazada	*blanket* [blánquet]
fresa	*strawberry* [stráberi]
frijol	*bean* [bin]
frío(a)(os)(as)	*cold* [cold]
fruta	*fruit* [frut]
fuerte(s)	*strong* [strong]
fútbol	*soccer* [sóquer]
gabinete	*cabinet* [cábinet]
galleta	*cookie* [cúqui]
garaje	*garage* [garách]
garganta	*throat* [zróut]
gasolinera	*gas station* [gas stéichen]
gatito(a)	*kitten* [quíten]
gato(a)	*cat* [cat]
gelatina	*jello* [chélo]
gente	*people* [pípol]
gigante(a)	*giant* [cháian]
gis	*crayon* [créion]

globo	*balloon* [balún]
gordo(a)(os)(as)	*fat* [fat]
gorra	*cap* [cap]
gracias	*thanks* [zenks]
grande(s)	*big* [big]
Grecia	*Greece* [gris]
grifo	*faucet* [fóset]
gris	*gray* [gréi]
guante	*glove* [glav]
guapo(a)(os)(as)	*handsome* [jánsam]
guitarra	*guitar* [guitár]
gusano	*worm* [uérm]
hada	*fairy* [féri]
hamburguesa	*hamburger* [jámberguer]
helado	*ice cream* [áis crim]
helicóptero	*helicopter* [jélicopter]
hermana	*sister* [síster]
hermano	*brother* [bráder]
herramienta	*tool* [tul]
hielo	*ice* [áis]
hija	*daughter* [dáter]
hijo	*son* [san]
hogar	*home* [jóum]
hoja	*leaf* [lif]
hola	*hello* [jeló]
hombre	*man* [man]
hombres	*men* [men]
hombro	*shoulder* [chólder]
hora	*hour* [áur]
hormiga	*ant* [ant]
hospital	*hospital* [jóspital]
hotel	*hotel* [jotél]
hoy	*today* [tudéi]
huevo	*egg* [eg]
idioma	*language* [lángüich]
iglesia	*church* [cherch]
impermeable	*raincoat* [réincout]
importante(s)	*important* [impórtant]
impresora	*printer* [prínter]
India	*India* [índia]

Inglaterra	*England* [íngland]
inglés(a)	*English* [ínglech]
insecto	*insect* [ínsect]
inteligente	*smart* [smart]
invierno	*winter* [uínter]
iPod	*iPod* [áipod]
Irlanda	*Ireland* [áirlan]
Italia	*Italy* [ítali]
izquierda	*left* [left]
jabón	*soap* [sóup]
jamón	*ham* [jam]
Japón	*Japan* [chapán]
jardín	*garden* [gárden]
jirafa	*giraffe* [chiráf]
joven	*young* [iáng]
judías verdes	*green beans* [grin bins]
juego	*game* [guéim]
juego de damas	*checkers* [chéquers]
jueves	*Thursday* [zérsdei]
jugo	*juice* [llus]
juguete	*toy* [tói]
julio	*July* [chulái]
junio	*June* [chun]
junto(a)(os)(as)	*together* [tuguéder]
la	*the* [de]
lado	*side* [sáid]
lago	*lake* [léic]
lámpara	*lamp* [lamp]
lapicero	*pen* [pen]
lápiz	*pencil* [pénsil]
largo(a)(os)(as)	*long* [long]
las	*the* [de]
lavabo	*sink* [sinc]
lavadora	*washer* [uácher]
leche	*milk* [milc]
lechuga	*lettuce* [létas]
lectura	*reading* [rídin]
lejos	*far* [far]
lento(a)(os)(as)	*slow* [slóu]
león	*lion* [láion]
letrero	*sign* [sáin]

librero	**bookshelf** [búkchelf]
libro	**book** [buc]
limón	**lemon** [lémon]
limonada	**lemonade** [lémoneid]
limpio(a)(os)(as)	**clean** [clin]
llave	**key** [quí]
lleno(a)(os)(as)	**full** [ful]
lluvia	**rain** [réin]
loco(a)	**crazy** [créisi]
lodo	**mud** [mad]
los	**the** [de]
luego	**later** [léiter]
lugar	**place** [pléis]
luna	**moon** [mun]
lunes	**Monday** [mándei]
luz	**light** [láit]
madre	**mother** [máder]
maestro(a)	**teacher** [tícher]
magia	**magic** [máchic]
mago	**wizard** [uízar]
maíz	**corn** [corn]
malo(a)(os)(as)	**bad** [bad]
mañana (A.M.)	**morning** [mórnin]
mañana (día siguiente)	**tomorrow** [tumórou]
manguera	**hose** [jóus]
maní	**peanuts** [pínats]
mano	**hand** [jan]
mantequilla	**butter** [báter]
manzana	**apple** [ápel]
mapa	**map** [map]
mar	**sea** [si]
marcador	**marker** [márquer]
martes	**Tuesday** [tiúsdei]
martillo	**hammer** [jámer]
marzo	**March** [march]
más	**more** [mor]
matemáticas	**math** [maz]
mayo	**May** [méi]
mecánico	**mechanic** [mecánic]
medicina	**medicine** [médisin]

menos	*less [les]*
mensaje en texto	*text message [tex mésech]*
mes	*month [manz]*
mesa	*table [téibol]*
mesera	*waitress [uéitres]*
mesero	*waiter [uéiter]*
mesita de noche	*nightstand [náistan]*
metro	*subway [sábuei]*
México	*Mexico [méksico]*
mi	*my [mái]*
miel	*honey [jáni]*
miércoles	*Wednesday [uénsdei]*
mil	*one thousand [uán táusan]*
minuto	*minute [mínit]*
mismo(a)(os)(as)	*same [séim]*
mitones	*mittens [mítens]*
mochila	*backpack [bácpac]*
moneda	*coin [cóin]*
monstruo	*monster [mónster]*
montaña	*mountain [máunten]*
morado(a)	*purple [pérpol]*
mosca	*fly [flái]*
motocicleta	*motorcycle [mótorsaicol]*
motor	*engine [énchin]*
muchacho	*young person [iáng pérson]*
mucho(a)(os)(as)	*a lot [a lat]*
muchos(as)	*many [méni]*
muebles	*furniture [férnicher]*
mujer	*woman [uóman]*
mujeres	*women [uímen]*
mundo	*world [uérl]*
muñeca (cuerpo)	*wrist [rist]*
muñeco(a)	*doll [dal]*
música	*music [miúsic]*
muy	*very [véri]*
nada	*nothing [názin]*
nadie	*nobody [nóubadi]*
naranja	*orange [óranch]*
nariz	*nose [nóus]*
natación	*swimming [suímin]*
nave espacial	*spaceship [spéischip]*

necesario(a)(os)(as)	*necessary* [nésesari]
negro(a)	*black* [blac]
nieve	*snow* [snóu]
niña	*girl* [guérl]
ninguno(a)	*none* [nan]
niño	*boy* [bói]
niños(as)	*children* [chíldren]
no	*no (o) not* [nóu o nat]
noche	*night* [náit]
nombre	*name* [néim]
nosotros	*we* [uí]
noventa	*ninety* [náinti]
noviembre	*November* [novémber]
nublado(a)(os)(as)	*cloudy* [cláudi]
nuestro(a)(os)(as)	*our* [áur]
nueve	*nine* [náin]
nuevo(a)(os)(as)	*new* [niú]
número	*number* [námber]
número de teléfono	*phone number* [fóun námber]
nunca	*never* [néver]
o	*or* [or]
ochenta	*eighty* [éiti]
ocho	*eight* [éit]
octubre	*October* [octóber]
oficina	*office* [ófis]
oficina de correos	*post office* [post ófis]
ojo	*eye* [ái]
olla	*pot* [pat]
once	*eleven* [iléven]
oreja	*ear* [íar]
orgulloso(a)(os)(as)	*proud* [práud]
oscuro(a)(os)(as)	*dark* [darc]
osito	*teddy bear* [tédi béar]
otoño	*fall* [fol]
otro(a)(os)(as)	*another* [anáder]
oveja	*sheep* [chíip]
padre	*father* [fáder]
padres	*parents* [pérents]
página	*page* [péich]
pájaro	*bird* [berd]

país	*country* [cántri]
pala	*shovel* [chável]
palabra	*word* [uérd]
palomitas	*popcorn* [pápcorn]
pan	*bread* [bred]
pantalla	*screen* [scrin]
pantalones	*pants* [pants]
pantalones cortos	*shorts* [chorts]
pantuflas	*slippers* [slípers]
pañuelo	*handkerchief* [jánquerchif]
papa	*potato* [potéito]
papas fritas	*french fries* [french fráis]
papel	*paper* [péiper]
para	*for* [for]
parada de autobús	*bus stop* [bas stop]
pared	*wall* [uól]
parque	*park* [parc]
pasillo	*hallway* [jóluey]
pasta de dientes	*toothpaste* [túzpeist]
pastel	*pie* [pái]
pasto	*grass* [gras]
patines	*skates* [squéits]
patineta	*skateboard* [squéitbord]
patio	*yard* [iárd]
pato(a)	*duck* [dac]
pavo(a)	*turkey* [térqui]
payaso	*clown* [cláun]
pecho	*chest* [chest]
pegamento	*glue* [glu]
peine	*comb* [com]
peligroso(a)(os)(as)	*dangerous* [déncheras]
pelo	*hair* [jéar]
pelota	*ball* [bol]
pera	*pear* [per]
perezoso(a)(os)(as)	*lazy* [léisi]
periódico	*newspaper* [niuspéiper]
pero	*but* [bat]
perro(a)	*dog* [dog]
perro caliente	*hot dog* [jat dog]
persona	*person* [pérson]
pescado, pez	*fish* [fich]

pie	*foot* [fut]
piedra	*stone* [stóun]
pierna	*leg* [leg]
piloto	*pilot* [páilot]
pimienta	*pepper* [péper]
pintura	*paint* [péint]
pinzas	*pliers* [pláiers]
piscina	*pool* [pul]
piso	*floor* [flóar]
piyama	*pajamas* [pachámas]
pizarrón	*whiteboard* [uáitbor]
planeta	*planet* [plánet]
planta	*plant* [plant]
plátano	*banana* [banána]
platillo	*saucer* [sóser]
plato	*plate* [pléit]
plato hondo	*bowl* [bóul]
playa	*beach* [bich]
pluma	*feather* [féder]
pobre(s)	*poor* [púar]
poco(a)	*little* [lítel]
poco(a)(os)(as)	*few* [fiú]
policía (cuerpo de)	*police* [polís]
policía (persona)	*police officer* [polís ófiser]
pollo	*chicken* [chíquen]
por favor	*please* [plis]
porche	*porch* [porch]
portón	*gate* [guéit]
posible	*possible* [pósibol]
postre	*dessert* [disért]
primavera	*spring* [spring]
primero(a)(os)(as)	*first* [ferst]
primo(a)	*cousin* [cásin]
princesa	*princess* [prínses]
príncipe	*prince* [prins]
pronto	*soon* [sun]
pueblo	*town* [táun]
puente	*bridge* [brich]
puerco(a)	*pig* [pig]
puerta	*door* [dóar]

queso	*cheese* [chis]
quince	*fifteen* [fiftín]
quinto(a)(os)(as)	*fifth* [fifz]
rápido(a)(os)(as)	*fast* [fast]
rastrillo	*rake* [réic]
ratón	*[computer] mouse* [máus]
ratón(a)	*mouse* [máus]
refresco	*soda* [sóda]
refrigerador	*refrigerator* [refrichiréitor]
regalo	*present* [présent]
reina	*queen* [cuín]
reloj	*clock* [clac]
reloj	*watch* [uách]
resbalador	*slide* [sláid]
resfriado(a)(os)(as)	*cold* [cold]
restaurante	*restaurant* [réstoran]
revista	*magazine* [mágasin]
rey	*king* [quín]
rico(a)(os)(as)	*rich* [rich]
río	*river* [ríver]
robot	*robot* [róbot]
rodilla	*knee* [ni]
rojo(a)	*red* [red]
rompecabezas	*puzzle* [pázel]
ropa	*clothes* [clóus]
ropa de baño	*bathing suit* [béizin sut]
ropa interior	*underwear* [ánderuear]
ropero	*closet* [clóset]
rosado(a)	*pink* [pinc]
Rusia	*Russia* [rácha]
sábado	*Saturday* [sáterdei]
sábana	*sheet* [chíit]
sacapuntas	*pencil sharpener* [pénsil chárpener]
sal	*salt* [solt]
sala	*living room* [lívin rum]
salchicha	*sausage* [sósech]
salón de clase	*classroom* [clásrum]
sandalias	*sandals* [sándals]
sandía	*watermelon* [uatermélon]
sandwich	*sandwich* [sánuich]
sartén	*frying pan* [fráin pan]
secadora	*dryer* [dráier]

seco(a)(os)(as)	*dry* [drái]
secretario(a)	*secretary* [sécretari]
segundo(a)(os)(as)	*second* [sécond]
seis	*six* [sics]
semáforo	*traffic light* [tráfic láit]
semana	*week* [uíc]
señal de parada	*stop sign* [stop sáin]
Señor (Sr.)	*Mister (Mr.)* [míster]
Señora (Sra.)	*Missis (Mrs.)* [mísis]
Señorita (Srta.)	*Miss (Ms.)* [mis]
septiembre	*September* [septémber]
serrucho	*saw* [so]
servicio higiénico	*restroom* [réstrum]
servilleta	*napkin* [nápquin]
sesenta	*sixty* [sícsti]
setenta	*seventy* [séventi]
sexto(a)(os)(as)	*sixth* [sikz]
sí	*yes* [iés]
siempre	*always* [ólueis]
siete	*seven* [séven]
silla	*chair* [chér]
sillón	*armchair* [ármcher]
simpático(a)(os)(as)	*nice* [náis]
sin	*without* [uidáut]
sitio web	*website* [uébsait]
sobre	*envelope* [énvelop]
sofá	*couch* [cáuch]
soldado	*soldier* [sólcher]
sólo	*only* [ónli]
son	*are* [ar]
sonrisa	*smile* [smáil]
sopa	*soup* [sup]
sótano	*basement* [béismen]
soy	*am* [am]
su	*her (o) his (o) their* [jer o jis o déar]
subibaja	*seesaw* [síso]
sucio(a)(os)(as)	*dirty* [dérti]
Sudamérica	*South America* [sáud américa]
suéter	*sweater* [suéter]
supermercado	*supermarket* [súpermarquet]

tablero de anuncios	*bulletin board* [búletin bor]
tamaño	*size* [sáis]
tambor	*drum* [dram]
tarde	*late* [léit]
tarea	*homework* [jóumuerc]
taza	*cup* [cap]
té	*tea* [ti]
techo	*ceiling* [sílin]
teclado	*keyboard* [quíbor]
tejado	*roof* [ruf]
teléfono	*phone* [fóun]
teléfono celular	*cell phone* [sel fon]
televisión	*television* [televíchen]
televisor	*TV set* [tiví set]
temprano(a)(os)(as)	*early* [érli]
tenedor	*fork* [forc]
tenis (zapatos)	*sneakers* [sníquers]
tercero(a)(os)(as)	*third* [zerd]
termómetro	*thermometer* [zermómeter]
tía	*aunt* [ant]
tiempo (de clima)	*weather* [uéder]
tiempo (de reloj)	*time* [táim]
tienda	*store* [stóar]
tiene	*has (o) have* [jas o jaf]
tierra	*dirt* [dert]
tigre	*tiger* [táiguer]
tijeras	*scissors* [sísors]
tina	*bathtub* [báztab]
tío	*uncle* [ánquel]
toalla	*towel* [táuel]
tobillo	*ankle* [áncol]
tocador	*dresser* [dréser]
todo(a)(os)(as)	*all* [ol]
todos(as)	*everybody* [évribadi]
tomate	*tomato* [toméito]
torta	*cake* [quéic]
tortuga	*turtle* [tertel]
tos	*cough* [cof]
trabajador(a)	*worker* [uérquer]
trabajo	*work* [uérc]
traje	*suit* [sut]

trapeador	**mop** [map]
trece	**thirteen** [zertín]
treinta	**thirty** [zérti]
tren	**train** [tréin]
tres	**three** [zri]
triste(s)	**sad** [sad]
truco	**trick** [tric]
tú	**you** [iú]
tu(s)	**your** [iór]
último(a)(os)(as)	**last** [last]
un(a)	**a (o) an** [a o an]
uno(a)	**one** [uán]
usted(es)	**you** [iú]
uva	**grape** [gréip]
vaca	**cow** [cáu]
vacación	**vacation** [veiquéichon]
vacío(a)(os)(as)	**empty** [émpti]
vajilla	**dishes** [díchis]
valiente(s)	**brave** [bréiv]
vaso	**glass** [glas]
vecino(a)	**neighbor** [néibor]
vegetales	**vegetables** [véchetebols]
veinte	**twenty** [tuénti]
vela	**candle** [cándel]
venado	**deer** [díir]
vendedor(a)	**salesperson** [séilsperson]
ventana	**window** [uíndou]
ventoso	**windy** [uíndi]
verde	**green** [grin]
vestido	**dress** [dres]
vídeojuego	**video game** [vídio gueim]
viejo(a)(os)(as)	**old** [old]
viernes	**Friday** [fráidei]
vitamina	**vitamin** [váitamin]
y	**and** [an]
yo	**I** [ái]
zanahoria	**carrot** [quérot]
zapatos	**shoes** [chus]
zoológico	**zoo** [súu]

EXPRESIONES—
EXPRESSIONS
[ecspréchens]

ESPAÑOL	**ENGLISH**
A las __.	*At__o'clock. [at __ oclác]*
¡Bienvenido(a)(os)(as)!	*Welcome! [uélcam]*
¡Buena suerte!	*Good luck! [gud lac]*
Buenas noches.	*Good night. [gud náit]*
Buenas tardes.	*Good afternoon. [gud afternún]*
Buenos días.	*Good morning. [gud mórnin]*
Celebremos.	*Let's celebrate. [lets sélebreit]*
Claro.	*Sure. [chúar]*
¿Cómo?	*How? [jáo]*
¿Cómo está(s)?	*How are you? [jáo ar iú]*
¿Cómo te(se) llama(s)?	*What is your name?*
	[uát is iór néim]
Con permiso.	*Excuse me. [ecsquiús mi]*
¡Creo que sí!	*I think so! [ái zinc so]*
¿Cuál?	*Which? [uích]*
¿Cuál es la fecha?	*What is the date?*
	[uát is de déit]
¿Cuándo?	*When? [uén]*
¿Cuánto?	*How much? [jáo mach]*
¿Cuántos?	*How many? [jáo méni]*
¿Cuántos años tiene(s)?	*How old are you? [jáo old ar iú]*
De nada.	*You're welcome. [iú ar uélcam]*
De noche.	*At night. [at náit]*
¿De qué color es?	*What color is it? [uát cólor is it]*
¿Dónde?	*Where? [uéar]*

183

¿Dónde está?	**Where is it?** [uéar is it]
¿Dónde vive(s)?	**Where do you live?** [uéar du iú liv]
¿En qué grado estás?	**What grade are you in?** [uát gréid ar iú in]
¿Entiende(s)?	**Do you understand?** [du iú anderstán]
¡Está bien!	**That's okay!** [dats oquéi]
Está lloviendo.	**It is raining.** [it is réinin]
Está nevando.	**It is snowing.** [it is snóuin]
Estoy aprendiendo inglés.	**I am learning English.** [ái am lérnin ínglech]
Estoy enfermo(a).	**I am sick.** [ái am sic]
¡Felices Pascuas!	**Happy Easter!** [jápi íster]
¡Felicitaciones!	**Congratulations!** [congrachuléichens]
¡Feliz cumpleaños!	**Happy Birthday!** [jápi bérzdei]
¡Feliz Navidad!	**Merry Christmas!** [méri crísmas]
Habla(e) más despacio.	**Speak more slowly.** [spic mor slóuli]
¿Habla(s) inglés?	**Do you speak English?** [du iú spic ínglech]
Hablo un poquito	**I speak a little.** [ái spic a lítel]
Hace calor.	**It is hot.** [it is jat]
Hace frío.	**It is cold.** [it is cold]
Hace sol.	**It is sunny.** [it is sáni]
Hay __.	**There is/are __.** [der is/ar]
¡Hola!	**Hi!** [jái]
Lo siento.	**I am sorry.** [ái am sóri]
Lo tengo.	**I have it.** [ái jaf it]
¡Más o menos!	**Sort of!** [sort of]
Me gusta.	**I like it.** [ái láic it]
Me llamo __.	**My name is __.** [mái néim is]
Me pongo __.	**I put on the __.** [ái put on de]
Me quito __.	**I take off the __.** [ái téic of de]
Muchas gracias.	**Thanks a lot.** [zenks a lat]
Muy bien.	**Very well.** [véri uél]
¿Necesita(s) ayuda?	**Do you need help?** [du iú nid jelp]

Necesito __.	*I need the __.* [ái nid de]
No entiendo.	*I don't understand.* [ái dont anderstán]
No recuerdo.	*I don't remember.* [ái dont rimémber]
No sé.	*I don't know.* [ái dont nóu]
Nos vemos.	*See you later.* [si iú léiter]
¡Ojalá!	*I hope so!* [ái jóup so]
¿Por qué?	*Why?* [juái]
¡Por supuesto!	*Of course!* [of cors]
¿Qué?	*What?* [uát]
¡Qué bonito!	*How pretty!* [jáo príti]
¿Qué hora es?	*What time is it?* [uát táim is it]
¿Qué pasa?	*What is going on?* [uát is góin on]
¿Qué te pasa?	*What is the matter?* [uát is de máter]
¿Qué tiempo hace?	*How is the weather?* [jáo is de uéder]
¿Quién?	*Who?* [ju]
¿Quiere(s) __?	*Do you want __?* [du iú uónt]
Quiero __.	*I want the __.* [ái uánt de]
¡Quizás!	*Maybe!* [méi bi]
¿Sabe(s)?	*Do you know?* [du iú nóu]
Sin novedad.	*Not much.* [nat mach]
Son las __.	*It is __ o'clock.* [it is __ oclác]
¿Te(Le) gusta?	*Do you like it?* [du iú láic it]
Tengo hambre.	*I am hungry.* [ái am jángri]
Tengo sed.	*I am thirsty.* [ái am zérsti]
¿Tiene(s) __?	*Do you have __?* [du iú jaf]
Vamos a __.	*Let's go to the __.* [lets góu tu de]
¿Verdad?	*Really?* [ríli]
Vivo en __.	*I live at__.* [ái liv at]
¿Y tú(usted)?	*And you?* [an iú]
¡Yo, tambien!	*Me, too!* [mi tu]
¡Yo tampoco!	*Me, neither!* [me níder]

ÓRDENES—
COMMANDS
[cománds]

ESPAÑOL	ENGLISH
Anda.	Go. [góu]
Bebe.	Drink. [drinc]
Come.	Eat. [it]
Dame.	Give me. [guív mi]
Dime.	Tell me. [tel mi]
Lava.	Wash. [uóch]
Limpia.	Clean. [clin]
Mira.	Look at. [luc at]
Pon.	Put. [put]
Señala.	Point to. [póint tu]
Toca.	Touch. [tach]
Toma.	Take. [téic]
Trae.	Bring. [brin]
Ven.	Come. [cam]

TARJETAS MEMORIZADORAS RECORTABLES

Recorta estas tarjetas con cuidado y tenlas siempre juntas. Guárdalas en un lugar seguro para poder usarlas cada vez que desees practicar. ¡No esperes! Busca un par de tijeras, ¡y empieza a recortar ahora mismo!

toy [tói]

book [buc]

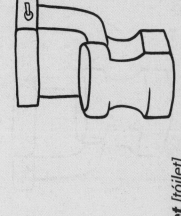

bed [bed]

dresser [dréser]

closet [clóset]

toilet [tóilet]

excusado

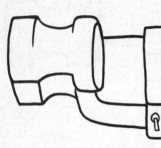

libro

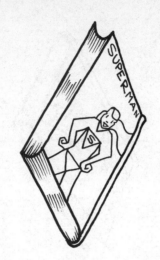

tocador

juguete

ropero

cama

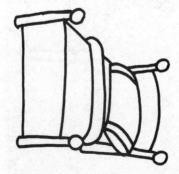

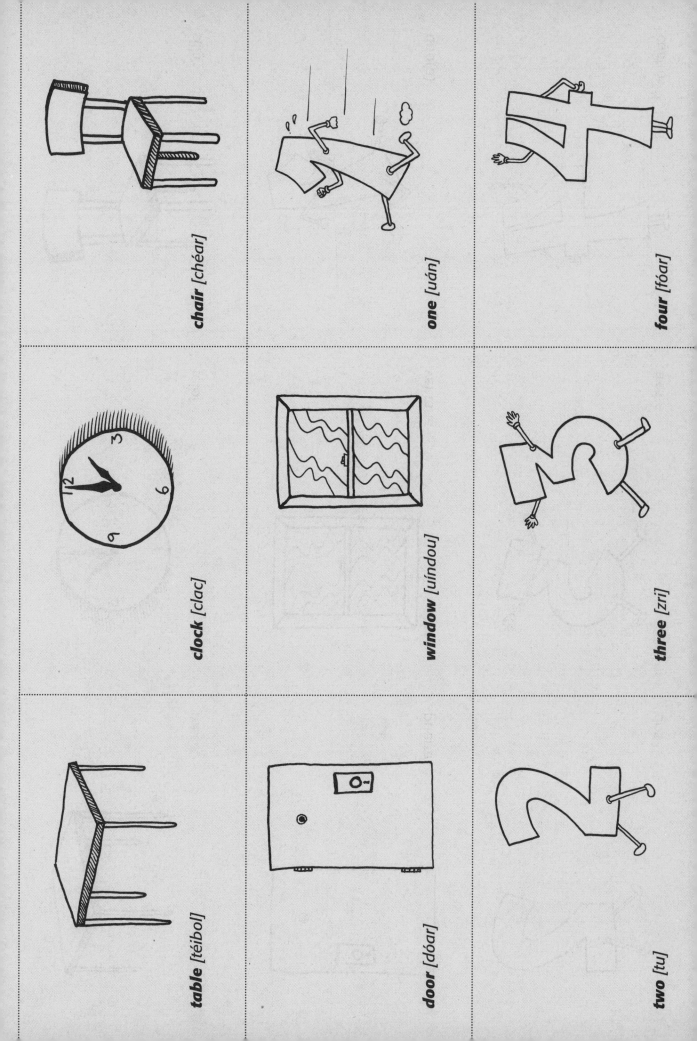

chair [chéar]

one [uán]

four [fóar]

clock [clac]

window [uíndou]

three [zri]

table [téibol]

door [dóar]

two [tu]

cuatro

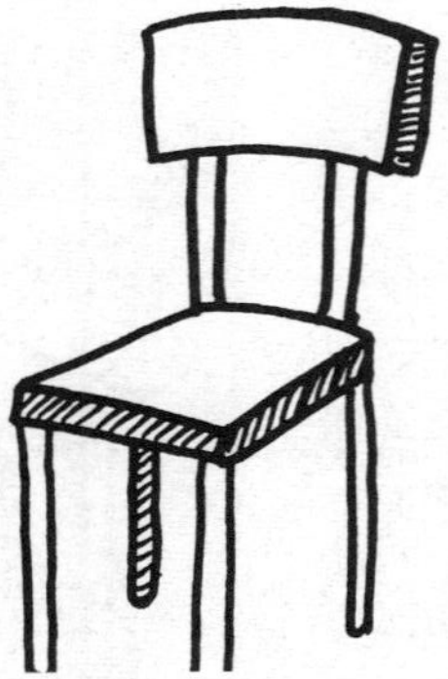

uno(a)

silla

tres

ventana

reloj

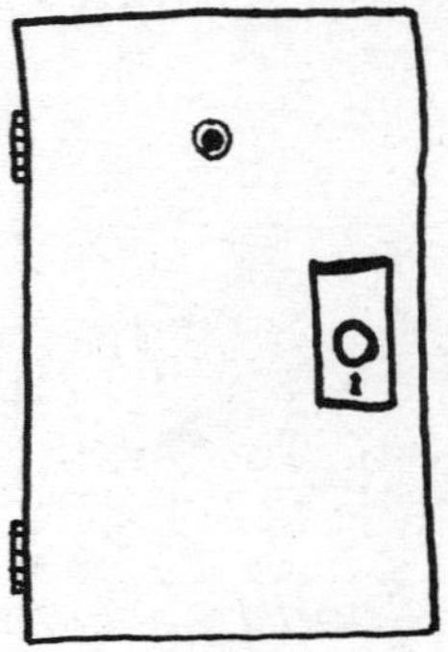

dos

puerta

mesa

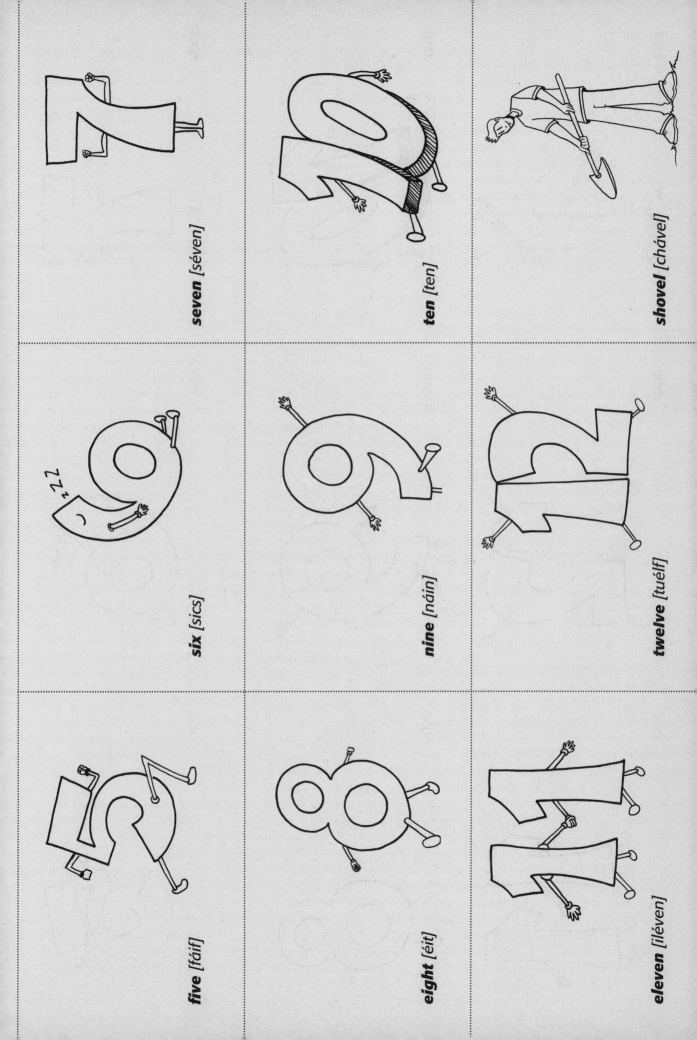

seven [séven]

ten [ten]

shovel [chável]

six [sics]

nine [náin]

twelve [tuélf]

five [fáif]

eight [éit]

eleven [iléven]

siete

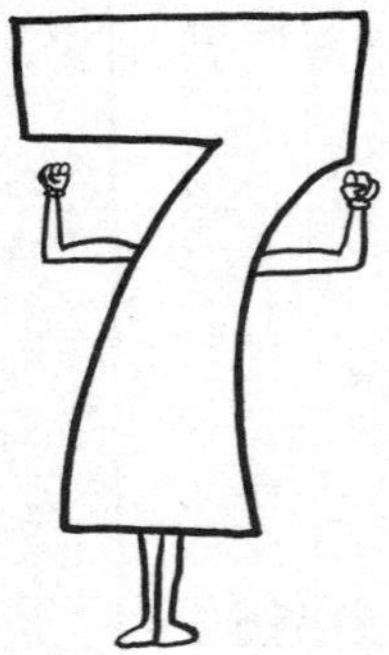

diez

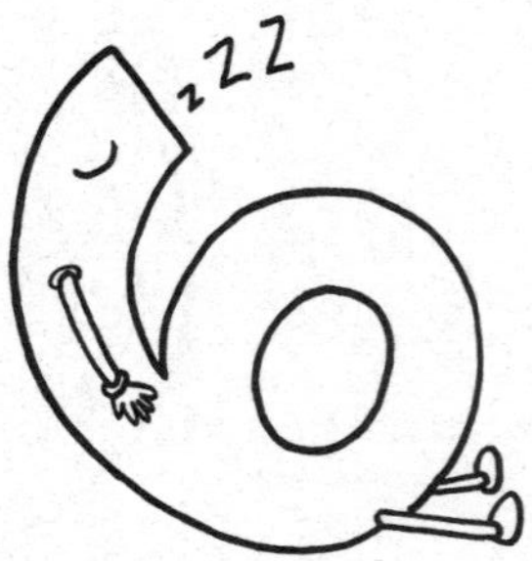

pala

seis

nueve

doce

cinco

ocho

once

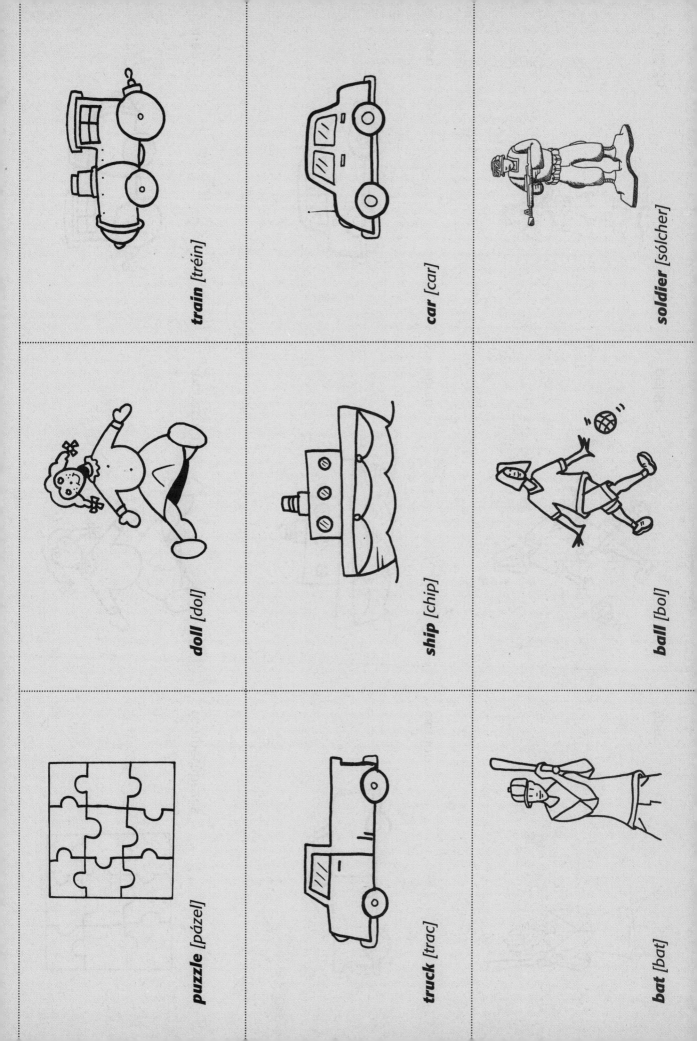

train [tréin]

car [car]

soldier [sólcher]

doll [dol]

ship [chip]

ball [bol]

puzzle [pázel]

truck [trac]

bat [bat]

tren

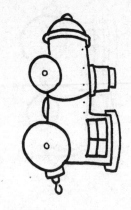

carro

soldado

muñeco(a)

barco

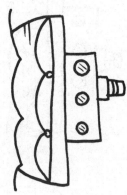

pelota

rompecabezas

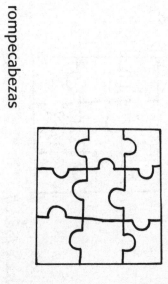

camión

bate

 **bicycle** [báisecol]

 **socks** [socs]

 **skirt** [squért]

 **skateboard** [squéitbord]

video game [vídio gueim]

 **pants** [pants]

 **guitar** [guitár]

computer [campiúter]

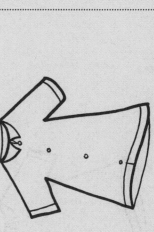 **shirt** [chert]

bicicleta

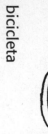

calcetines

falda

patineta

videojuego

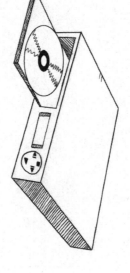

pantalones

guitarra

computadora

camisa

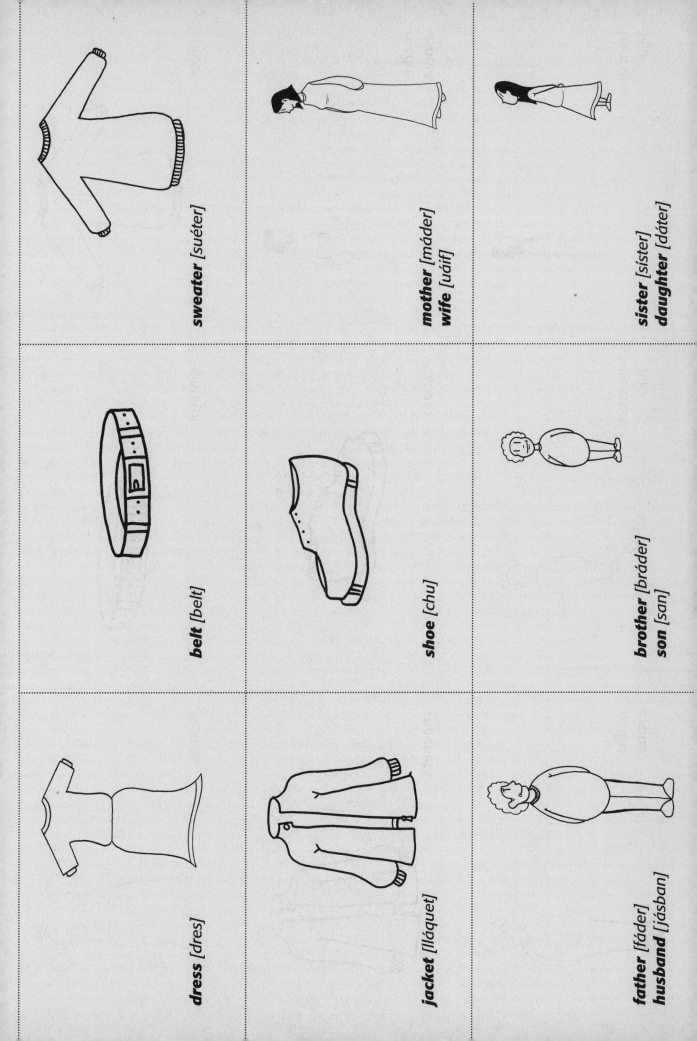

sweater [suéter]

mother [máder]
wife [uáif]

sister [síster]
daughter [dáter]

belt [belt]

shoe [chu]

brother [bráder]
son [san]

dress [dres]

jacket [lláquet]

father [fáder]
husband [jásban]

suéter

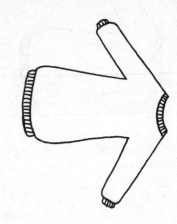

madre
esposa

hermana
hija

cinturón

zapato

hermano
hijo

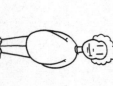

vestido

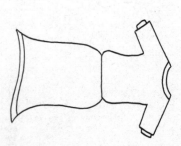

chaqueta

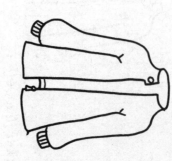

padre
esposo

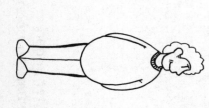

big [big]

thin [zin]

ugly [ágli]

grandfather [granfáder]

tall [tol]

pretty [príti]

grandmother [granmáder]

little [lítel]

fat [fat]

grande

abuelo

abuela

delgado(a)

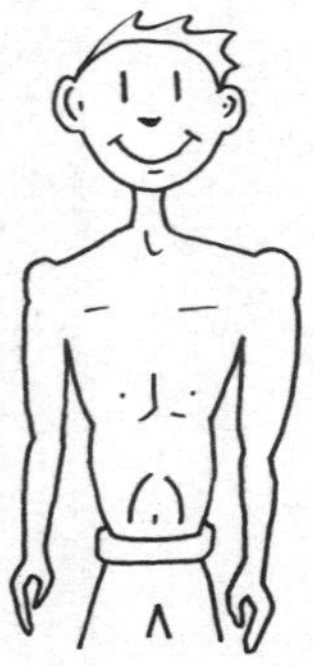

alto(a)

chico(a)

feo(a)

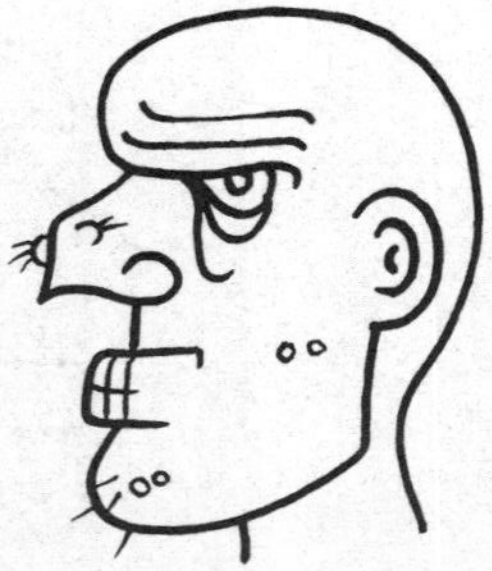

bonita(o)

gordo(a)

old [old]

full [ful]

cheap [chip]

clean [clin]

it is cold [it is cold]

expensive [ecspénsiv]

dirty [dérti]

it is hot [it is jat]

empty [émpti]

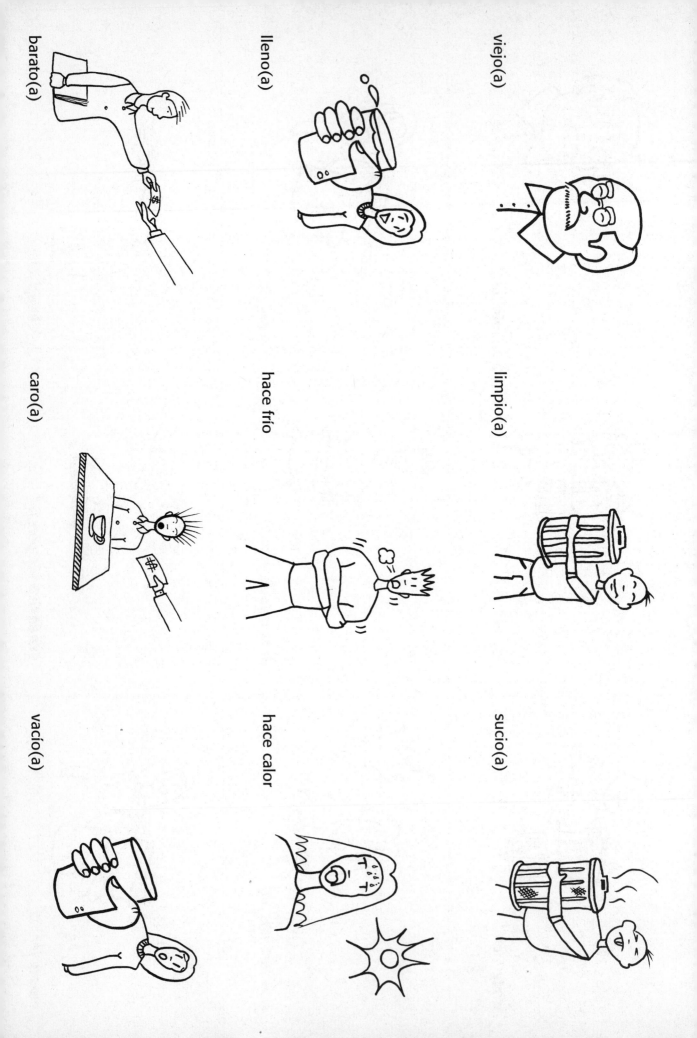

viejo(a)

lleno(a)

barato(a)

limpio(a)

hace frío

caro(a)

sucio(a)

hace calor

vacío(a)

desk [desc]

bread [bred]

fruit [frut]

couch [cáuch]

TV set [tíví set]

cheese [chis]

carpet [cárpet]

refrigerator [refricheréitor]

egg [eg]

escritorio

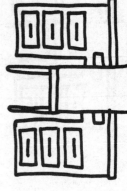

sofá

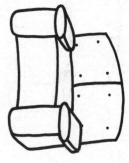

alfombra

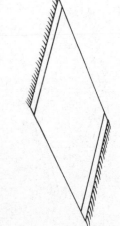

pan

televisor

refrigerador

fruta

queso

huevo

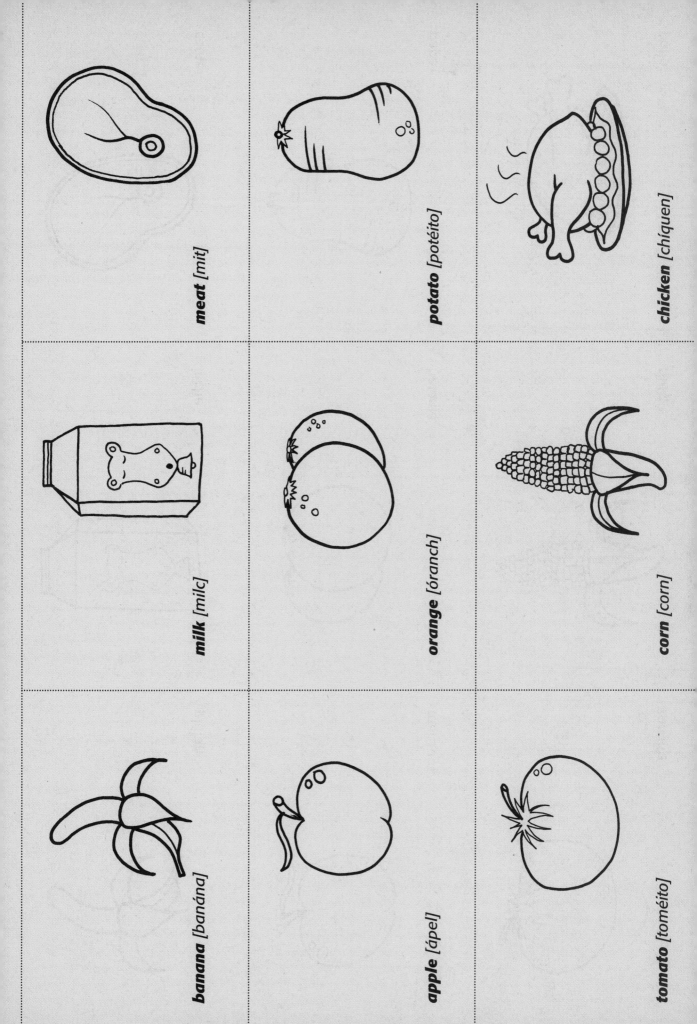

meat [mit]

potato [potéito]

chicken [chíquen]

milk [milc]

orange [óranch]

corn [corn]

banana [banána]

apple [ápel]

tomato [toméito]

pollo

papa

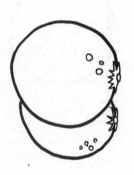

carne

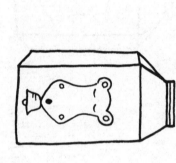

maíz

leche

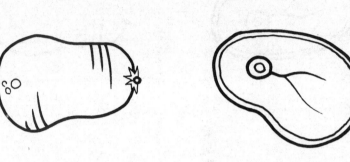

naranja

tomate

manzana

plátano

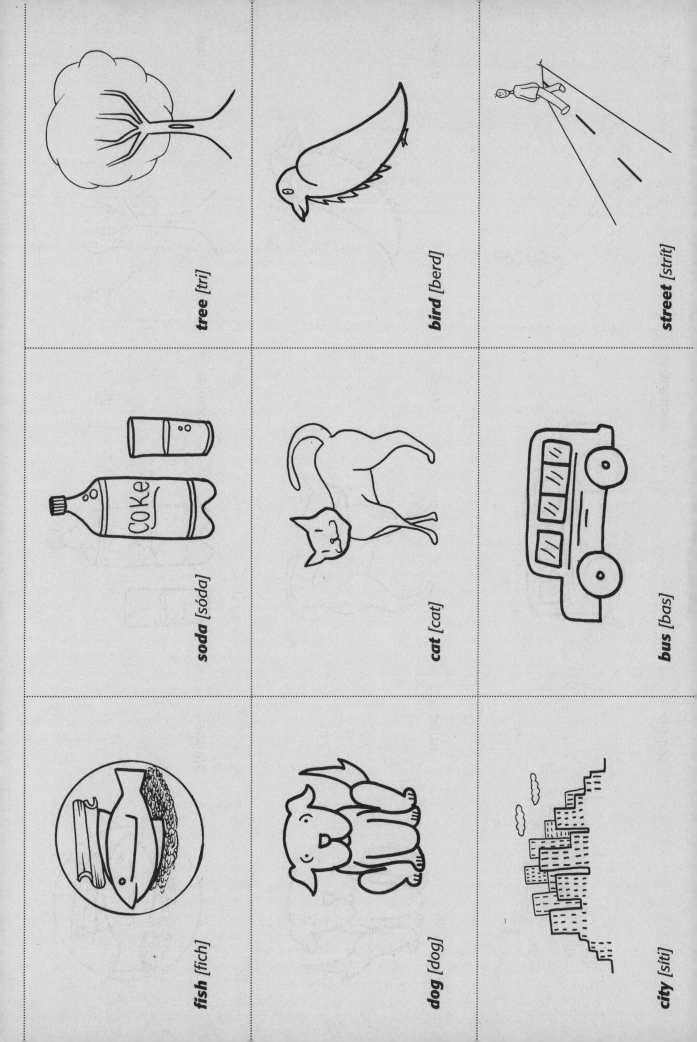

tree [tri]

bird [berd]

street [strit]

soda [sóda]

cat [cat]

bus [bʌs]

fish [fich]

dog [dog]

city [síti]

árbol

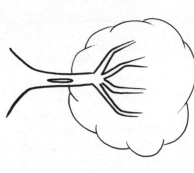

pájaro

calle

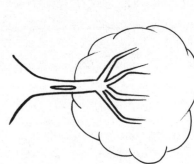

refresco

gato

autobús

pescado

perro

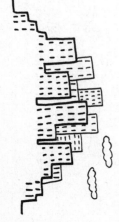

ciudad

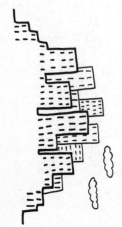

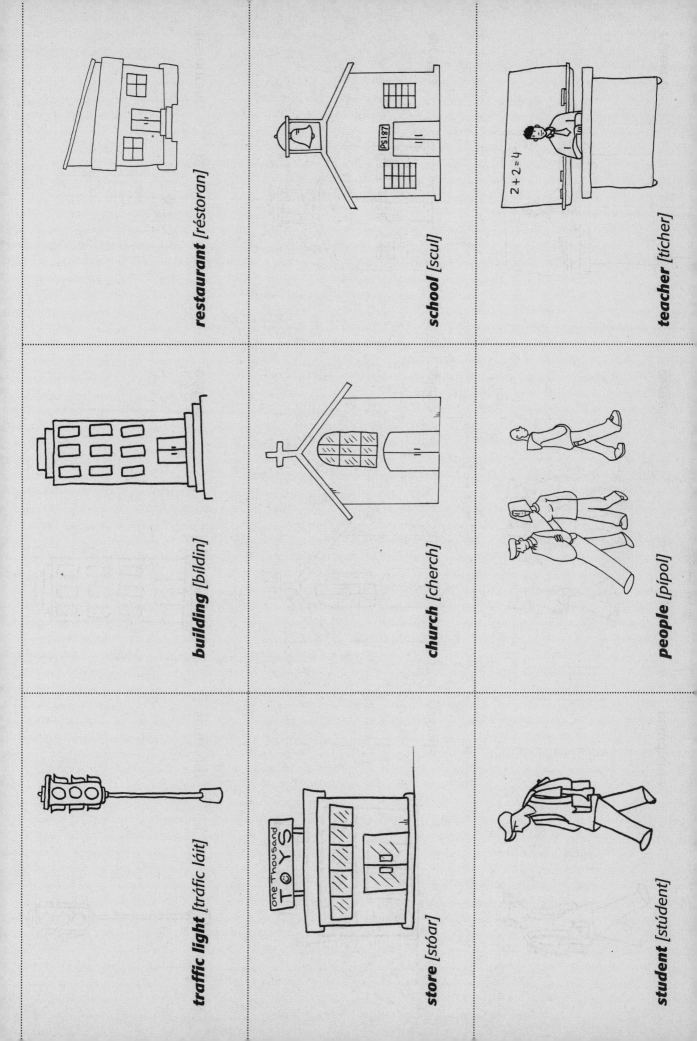

traffic light [tráfic láit]

building [bíldin]

restaurant [réstoran]

store [stóar]

church [cherch]

school [scul]

student [stúdent]

people [pípol]

teacher [tícher]

restaurante

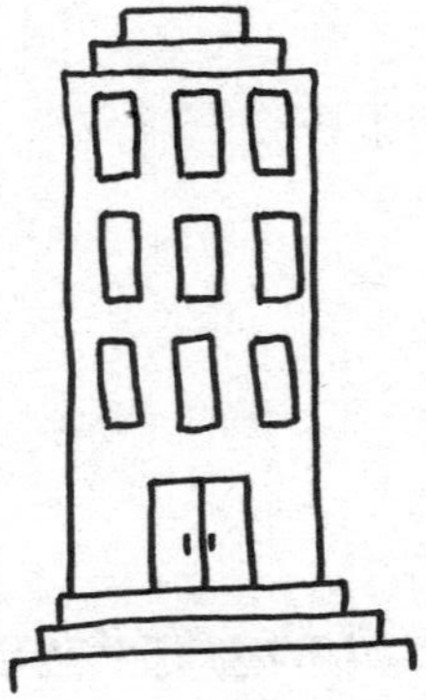

escuela

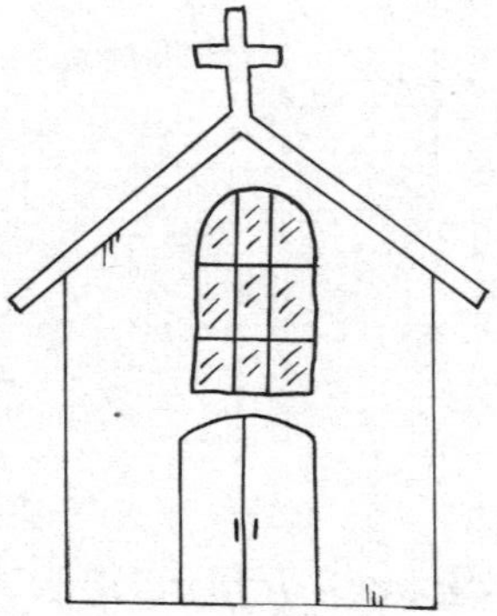

maestro

edificio

iglesia

gente

semáforo

tienda

estudiante

2+2=4

PS 187

one Thousand
TOYS

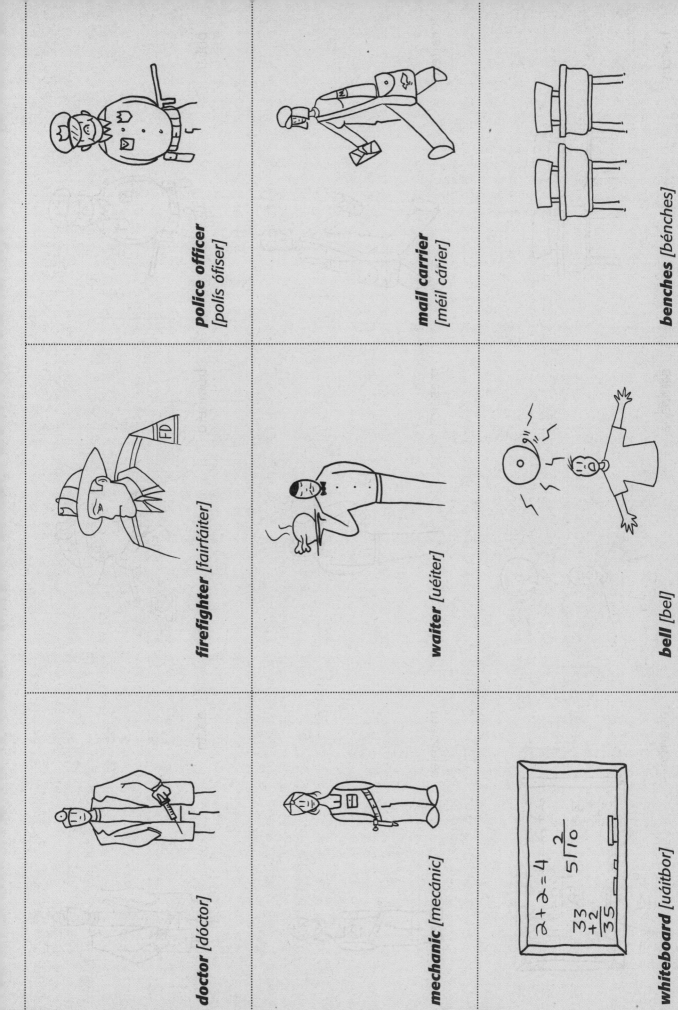

doctor [dóctor]

firefighter [fairfáiter]

police officer
[polís ófiser]

mechanic [mecánic]

waiter [uéiter]

mail carrier
[méil cárier]

whiteboard [uáitbor]

bell [bel]

benches [bénches]

policía

cartero

bancos

bombero

mesero

campana

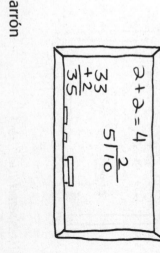

doctor

mecánico

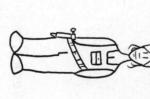

pizarrón

$$2 + 2 = 4$$

$$\begin{array}{r} 33 \\ + 2 \\ \hline 35 \end{array}$$

$$5\overline{)10}$$

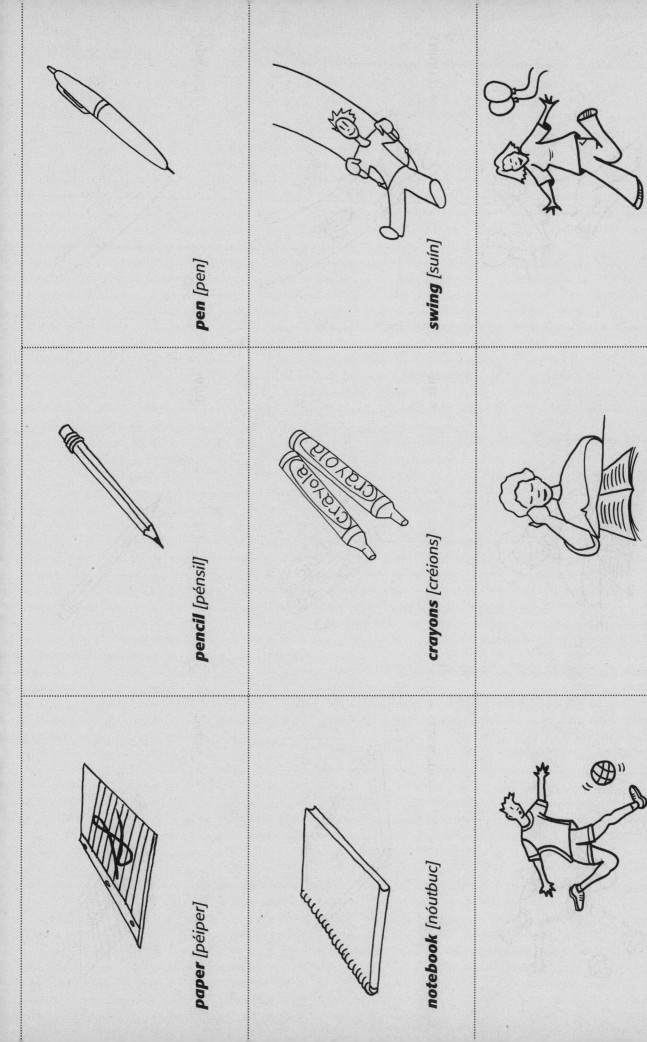

pen [pen]

swing [suín]

dancing [dánsin]

pencil [pénsil]

crayons [créions]

reading [rídin]

paper [péiper]

notebook [nóutbuc]

soccer [sóquer]

baile

lectura

fútbol

columpio

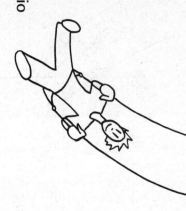

gises

cuaderno

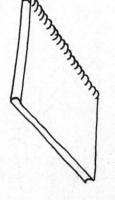

lapicero

lápiz

papel

movies [múvis]

cake [quéic]

presents [présents]

songs [songs]

party [párti]

candy [cándi]

cartoons [cartúns]

zoo [súu]

ice cream [áis crim]

regalos

torta

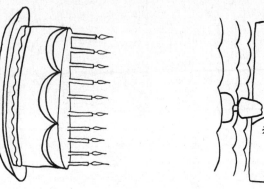

cine

dulces

fiesta

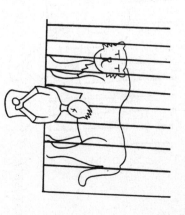

canciones

helado

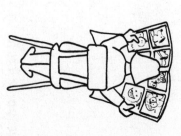

zoológico

dibujos animados

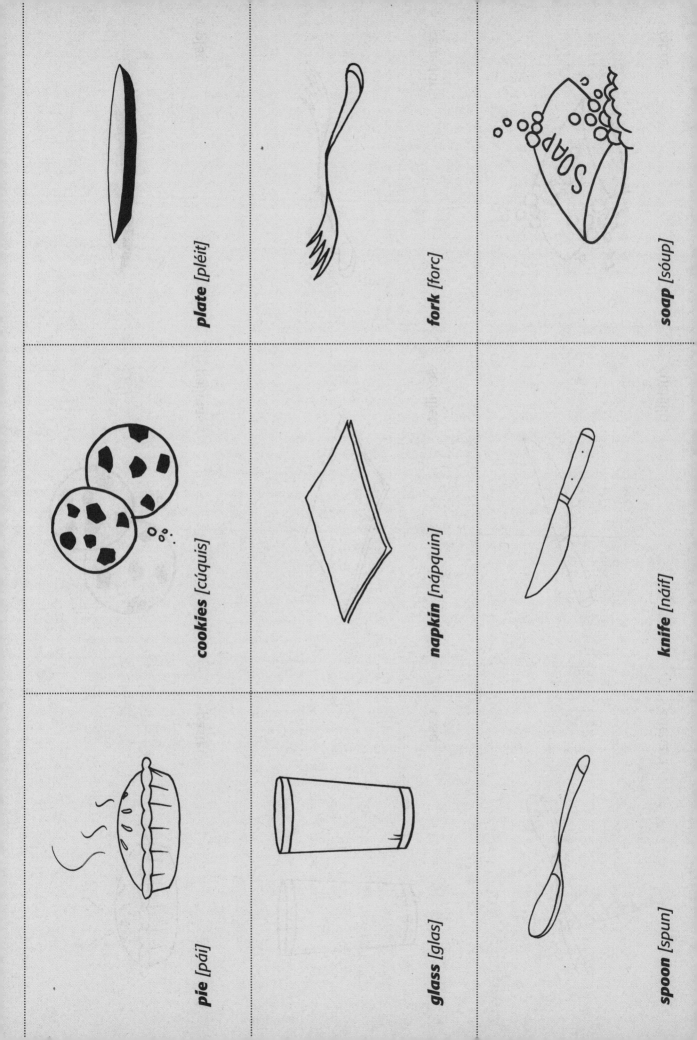

plate [pléit]

fork [forc]

soap [sóup]

cookies [cúquis]

napkin [nápquin]

knife [náif]

pie [pái]

glass [glas]

spoon [spun]

jabón

tenedor

plato

cuchillo

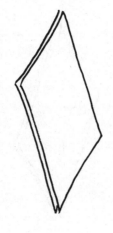

servilleta

galletas

cuchara

vaso

pastel

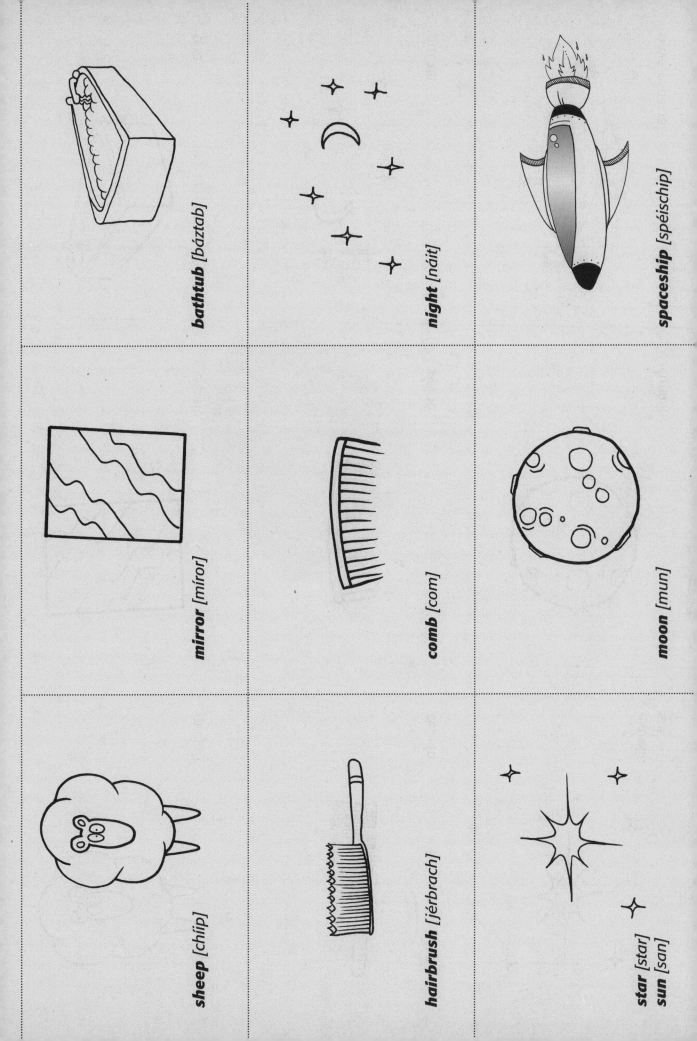

bathtub [báztab]

night [náit]

spaceship [spéischip]

mirror [míror]

comb [com]

moon [mun]

sheep [chíip]

hairbrush [jérbrach]

star [star]
sun [san]

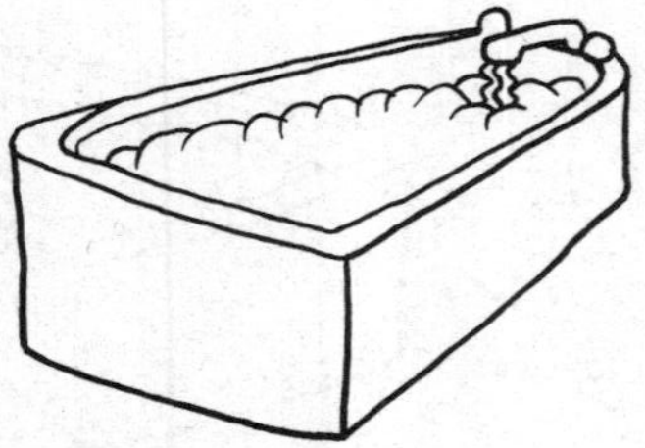

tina

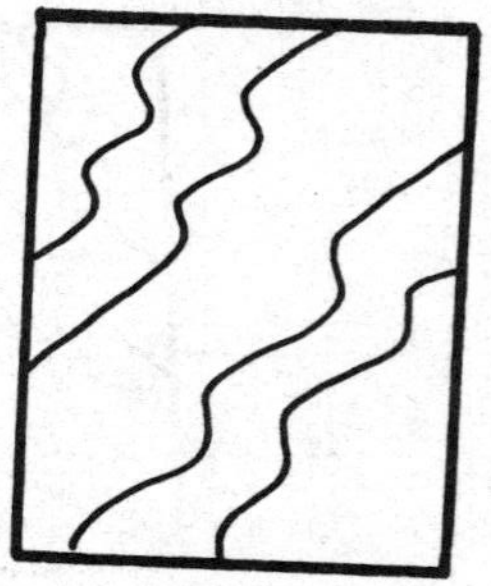

noche

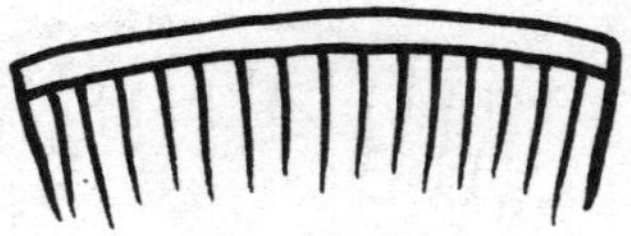

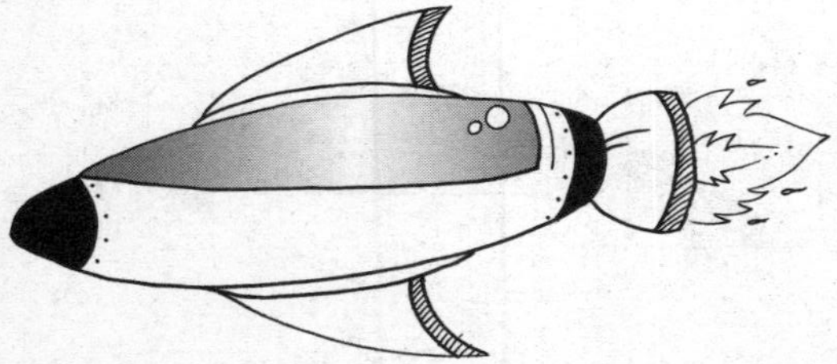

nave espacial

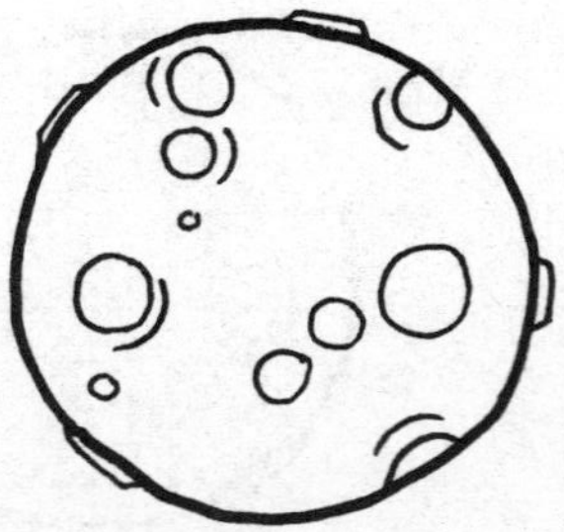

espejo

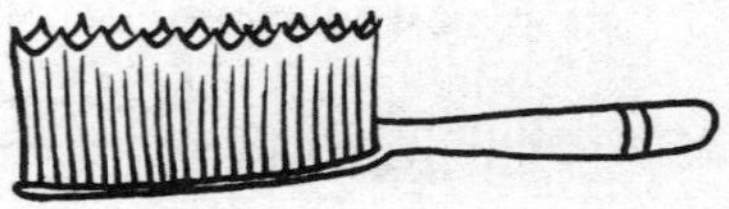

peine

luna

oveja

cepillo

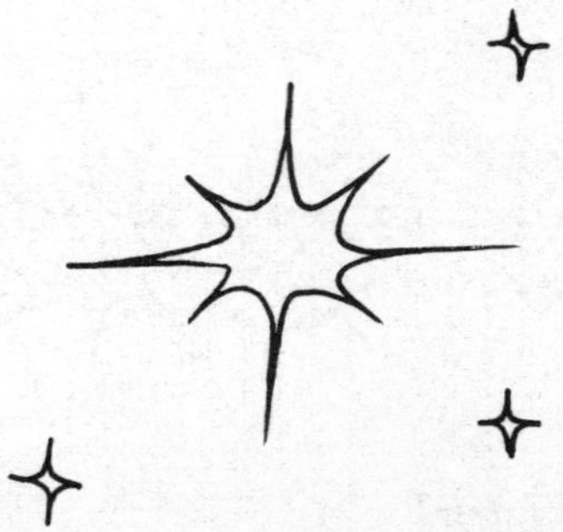

estrella
sol

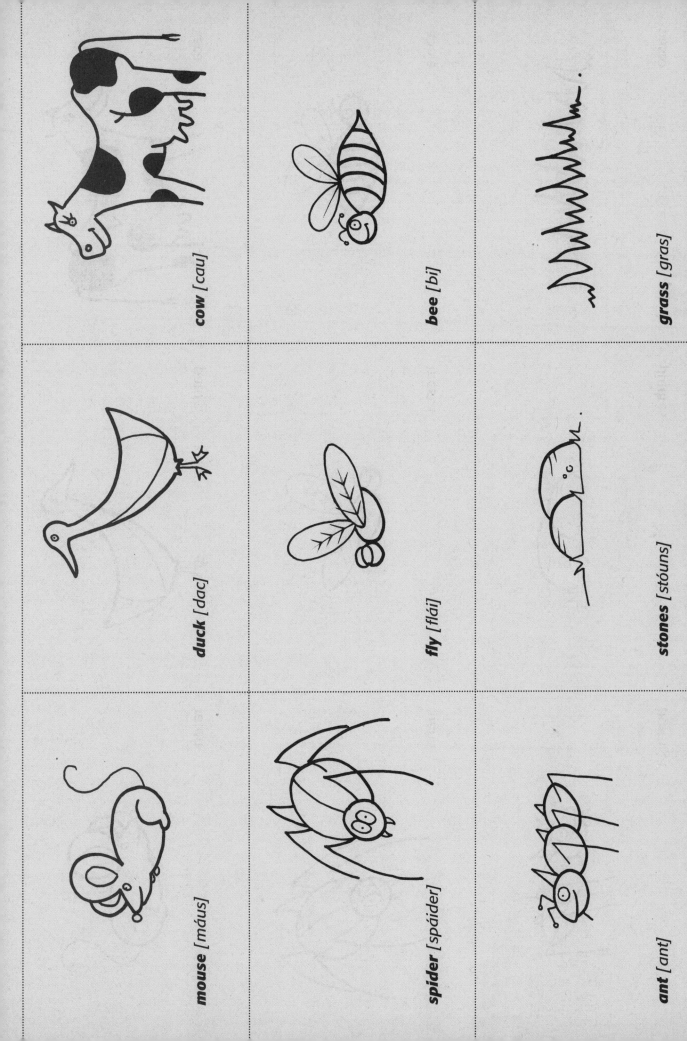

cow [cau]

bee [bi]

grass [gras]

duck [dac]

fly [flái]

stones [stóuns]

mouse [máus]

spider [spáider]

ant [ant]

vaca

abeja

pasto

pato

mosca

piedras

ratón

araña

hormiga

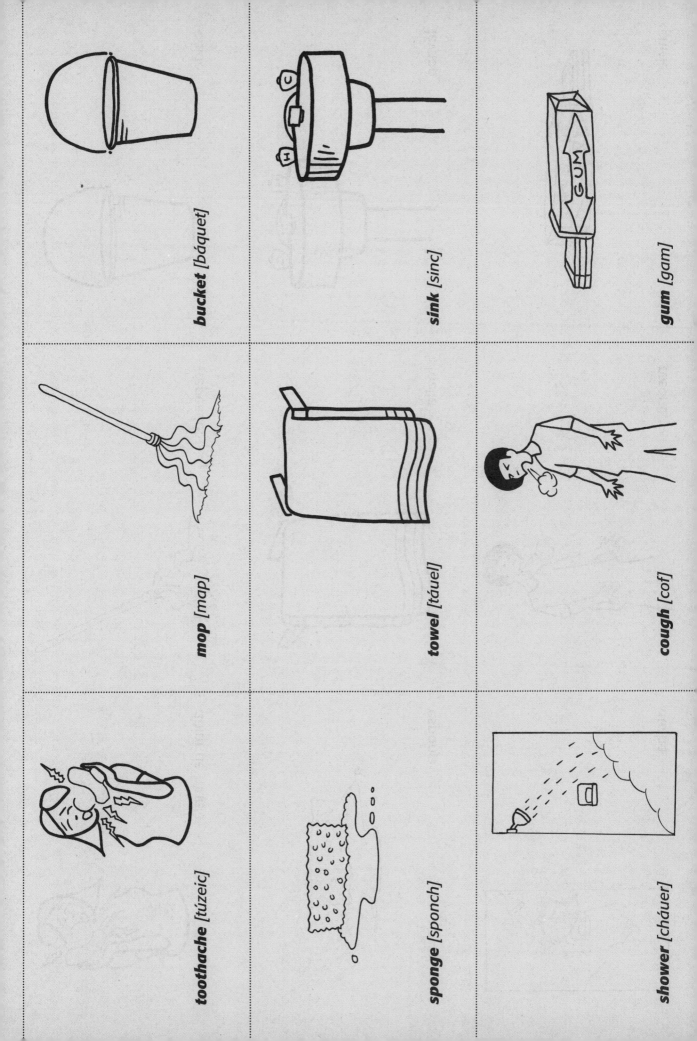

bucket [báquet]

sink [sinc]

gum [gam]

mop [map]

towel [táuel]

cough [cof]

toothache [túzeic]

sponge [sponch]

shower [cháuer]

balde

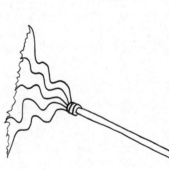

lavabo

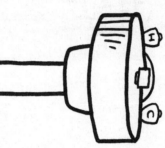

chicle

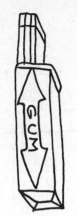

trapeador

toalla

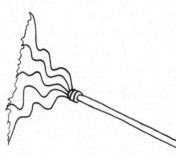

tos

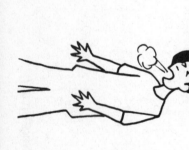

dolor de muela

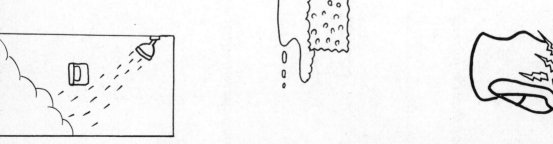

esponja

ducha

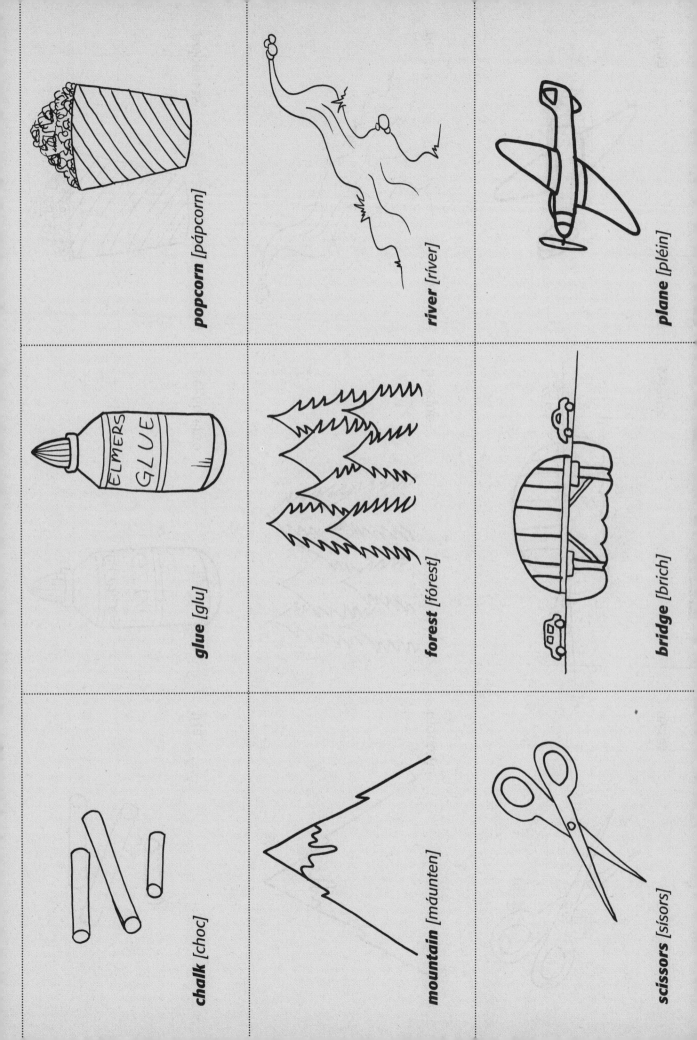

popcorn [pápcorn]

river [ríver]

plane [pléin]

glue [glu]

forest [fórest]

bridge [brich]

chalk [choc]

mountain [máunten]

scissors [sísors]

avión

río

palomitas

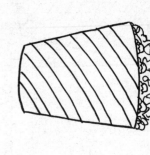

puente

bosque

pegamento

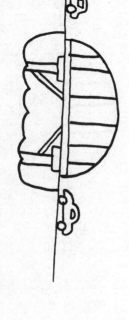

tijeras

montaña

tiza

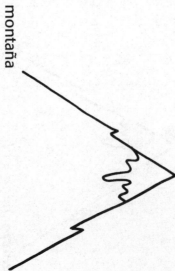

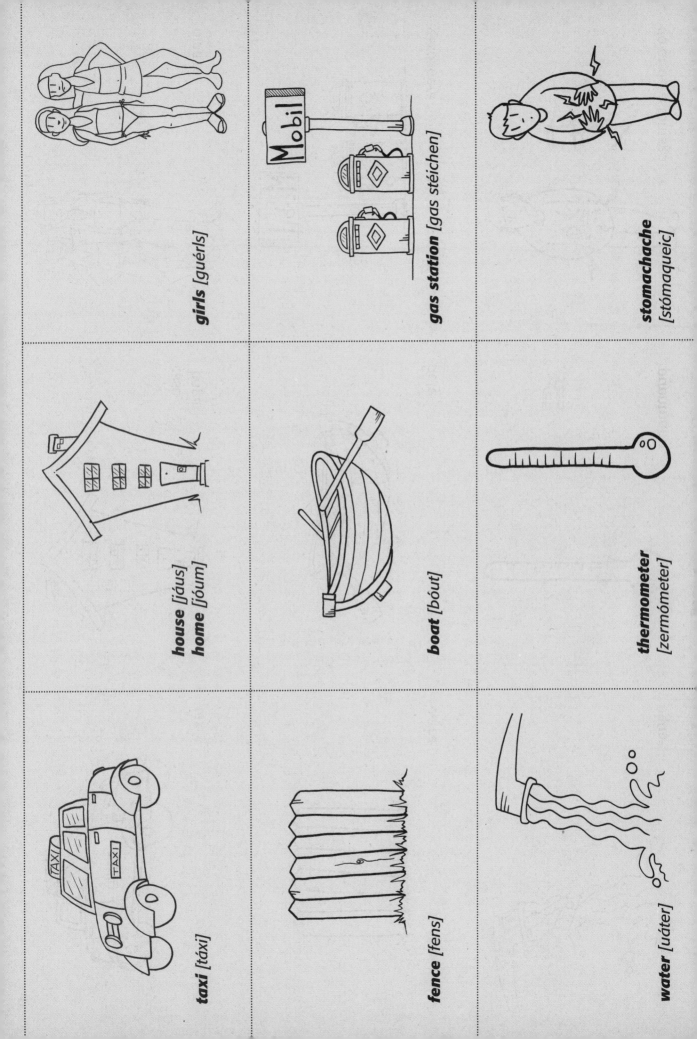

girls [guérls]

gas station [gas stéichen]

stomachache [stómaqueic]

house [jáus]
home [jóum]

boat [bóut]

thermometer [zermómeter]

taxi [táxi]

fence [fens]

water [uáter]

niñas

casa
hogar

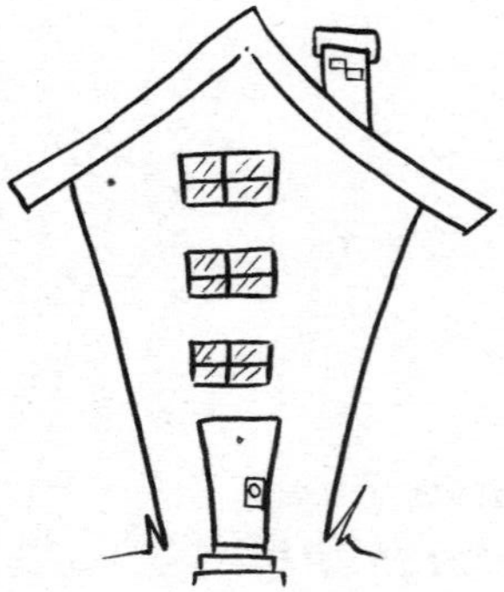

taxi

gasolinera

bote

cerca

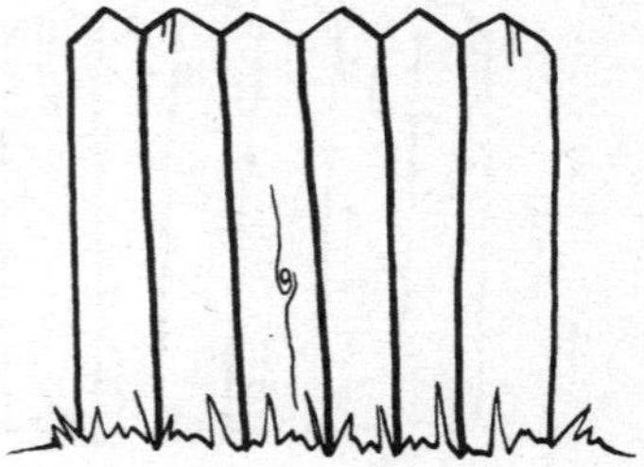

dolor de estómago

termómetro

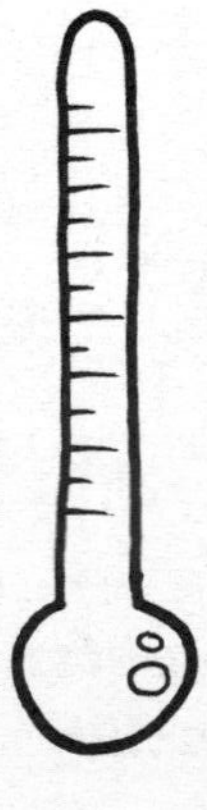

agua

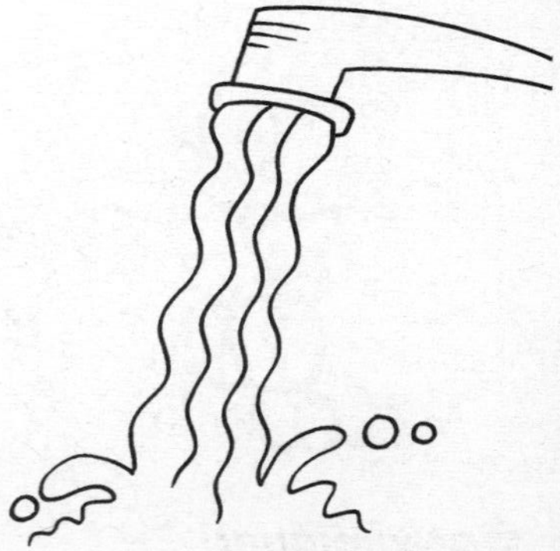

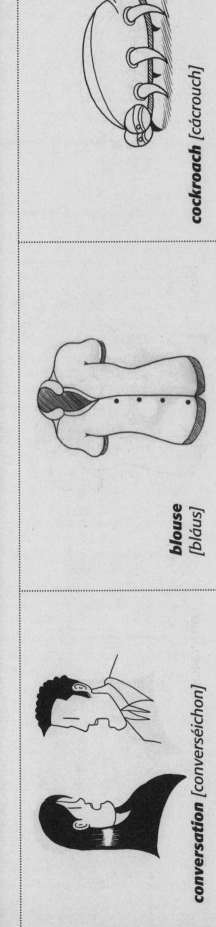

conversation [converséichon]

cockroach [cácrouch]

blouse [bláus]

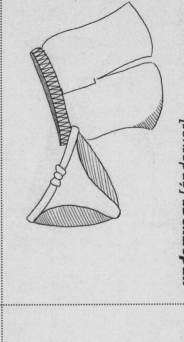

underwear [ánderuer]

worm [uérm]

snail [snéil]

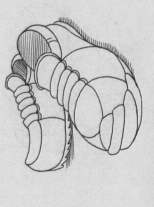

sneakers [sníquers]

elephant [élefant]

tiger [táiguer]

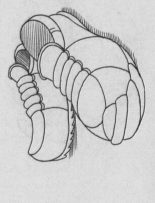

caracol

ropa interior

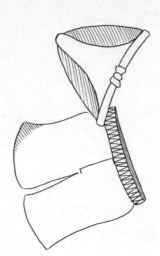

cucaracha

tenis

gusano

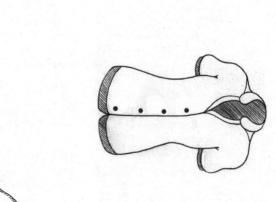

blusa

tigre

elefante

conversación

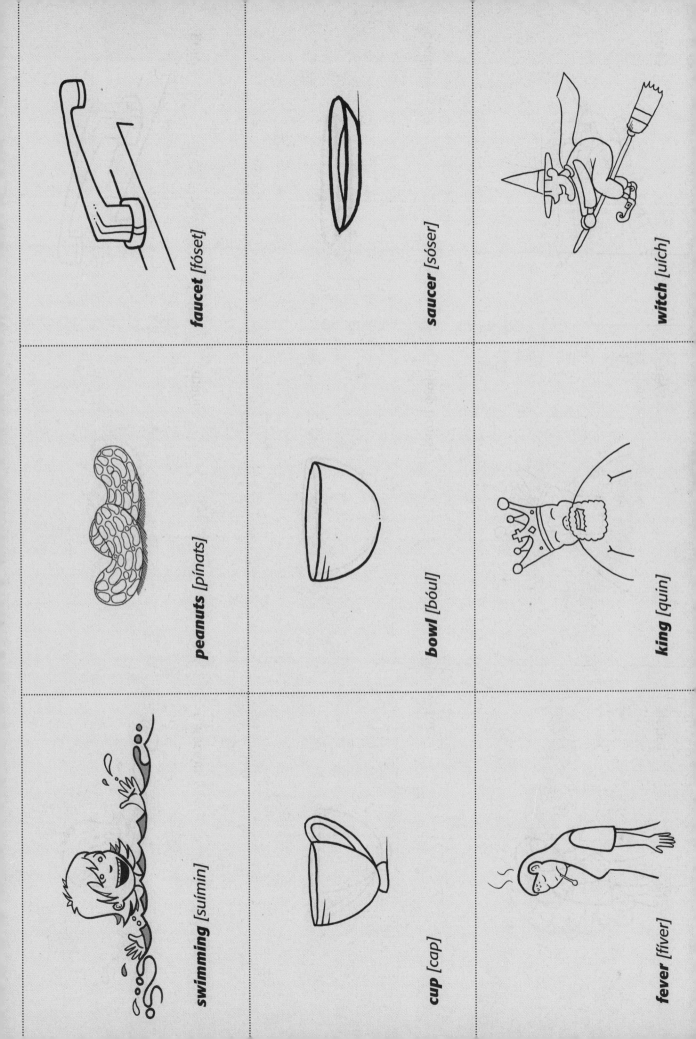

faucet [fóset]

saucer [sóser]

witch [uích]

peanuts [pínats]

bowl [bóul]

king [quin]

swimming [suímin]

cup [cap]

fever [fíver]

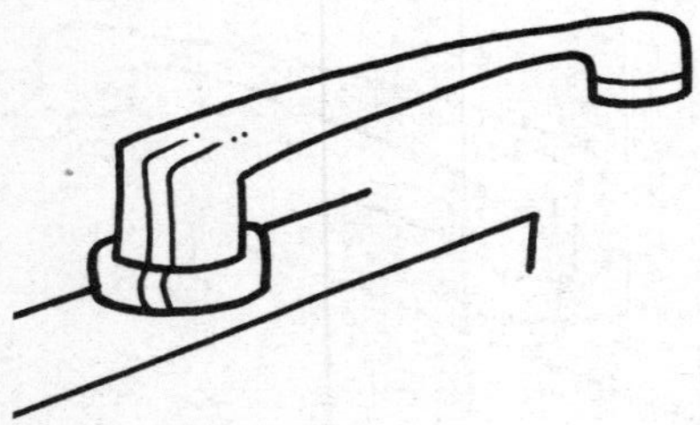

grifo

maní

natación

platillo

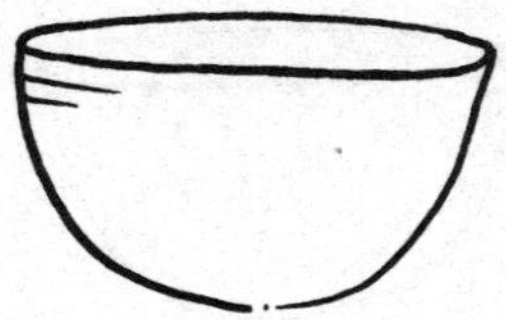

plato hondo

taza

bruja

rey

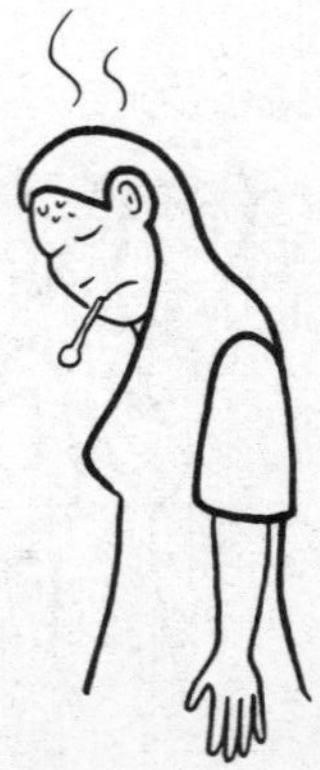

fiebre

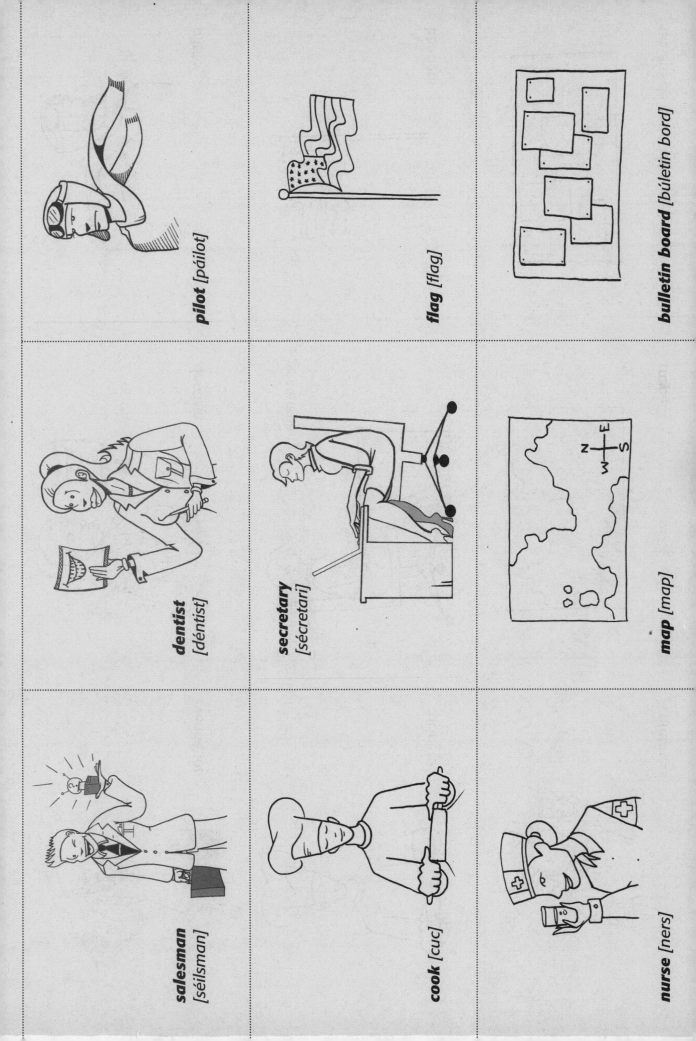

pilot [páilot]

flag [flag]

bulletin board [búletin bord]

dentist [déntist]

secretary [sécretari]

map [map]

salesman [séilsman]

cook [cuc]

nurse [ners]

piloto

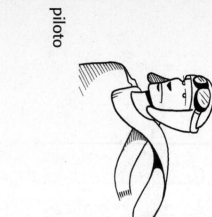

bandera

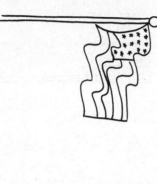

tablero de anuncios

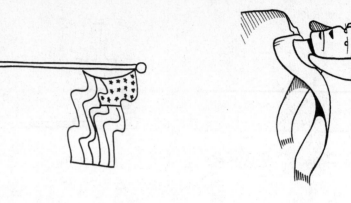

dentista

secretaria

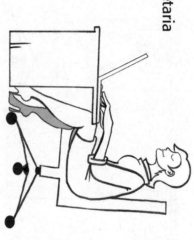

mapa

vendedor

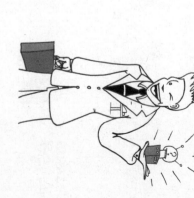

cocinero

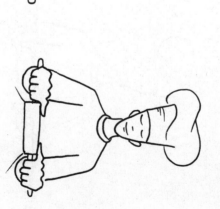

enfermera